THAI
WOORDENSCHAT

THEMATISCHE WOORDENLIJST

NEDERLANDS THAI

De meest bruikbare woorden
Om uw woordenschat uit te breiden en
uw taalvaardigheid aan te scherpen

5000 woorden

Thematische woordenschat Nederlands-Thai - 5000 woorden
Door Andrey Taranov

Woordenlijsten van T&P Books zijn bedoeld om u woorden van een vreemde taal te helpen leren, onthouden, en bestudering. Dit woordenboek is ingedeeld in thema's en behandelt alle belangrijk terreinen van het dagelijkse leven, bedrijven, wetenschap, cultuur, etc.

Het proces van het leren van woorden met behulp van de op thema's gebaseerde aanpak van T&P Books biedt u de volgende voordelen:

- Correct gegroepeerde informatie is bepalend voor succes bij opeenvolgende stadia van het leren van woorden
- De beschikbaarheid van woorden die van dezelfde stam zijn maakt het mogelijk om woordgroepen te onthouden (in plaats van losse woorden)
- Kleine groepen van woorden faciliteren het proces van het aanmaken van associatieve verbindingen, die nodig zijn bij het consolideren van de woordenschat
- Het niveau van talenkennis kan worden ingeschat door het aantal geleerde woorden

Copyright © 2018 T&P Books Publishing

Alle rechten voorbehouden. Niets uit deze uitgave mag worden verveelvoudigd, opgeslagen in een geautomatiseerd gegevensbestand en/of openbaar gemaakt in enige vorm of op enige wijze, hetzij elektronisch, mechanisch, door fotokopieën, opnamen of op enige andere manier zonder voorafgaande schriftelijke toestemming van de uitgever. U mag dit boek niet verspreiden in welk formaat dan ook.

T&P Books Publishing
www.tpbooks.com

ISBN: 978-1-78767-238-3

Dit boek is ook beschikbaar in e-boek formaat.
Gelieve www.tpbooks.com te bezoeken of de belangrijkste online boekwinkels.

THAISE WOORDENSCHAT
nieuwe woorden leren

T&P Books woordenlijsten zijn bedoeld om u te helpen vreemde woorden te leren, te onthouden, en te bestuderen. De woordenschat bevat meer dan 5000 veel gebruikte woorden die thematisch geordend zijn.

- De woordenlijst bevat de meest gebruikte woorden
- Aanbevolen als aanvulling bij welke taalcursus dan ook
- Voldoet aan de behoeften van de beginnende en gevorderde student in vreemde talen
- Geschikt voor dagelijks gebruik, bestudering en zelftestactiviteiten
- Maakt het mogelijk om uw woordenschat te evalueren

Bijzondere kenmerken van de woordenschat

- De woorden zijn gerangschikt naar hun betekenis, niet volgens alfabet
- De woorden worden weergegeven in drie kolommen om bestudering en zelftesten te vergemakkelijken
- Woorden in groepen worden verdeeld in kleine blokken om het leerproces te vergemakkelijken
- De woordenschat biedt een handige en eenvoudige beschrijving van elk buitenlands woord

De woordenschat bevat 155 onderwerpen zoals:

Basisconcepten, getallen, kleuren, maanden, seizoenen, meeteenheden, kleding en accessoires, eten & voeding, restaurant, familieleden, verwanten, karakter, gevoelens, emoties, ziekten, stad, dorp, bezienswaardigheden, winkelen, geld, huis, thuis, kantoor, werken op kantoor, import & export, marketing, werk zoeken, sport, onderwijs, computer, internet, gereedschap, natuur, landen, nationaliteiten en meer ...

INHOUDSOPGAVE

Uitspraakgids	9
Afkortingen	11

BASISBEGRIPPEN	12
Basisbegrippen Deel 1	12

1. Voornaamwoorden	12
2. Begroetingen. Begroetingen. Afscheid	12
3. Hoe aan te spreken	13
4. Kardinale getallen. Deel 1	13
5. Kardinale getallen. Deel 2	14
6. Ordinale getallen	15
7. Getallen. Breuken	15
8. Getallen. Eenvoudige berekeningen	15
9. Getallen. Diversen	16
10. De belangrijkste werkwoorden. Deel 1	16
11. De belangrijkste werkwoorden. Deel 2	17
12. De belangrijkste werkwoorden. Deel 3	18
13. De belangrijkste werkwoorden. Deel 4	19
14. Kleuren	20
15. Vragen	21
16. Voorzetsels	21
17. Functiewoorden. Bijwoorden. Deel 1	21
18. Functiewoorden. Bijwoorden. Deel 2	23

Basisbegrippen Deel 2	25

19. Dagen van de week	25
20. Uren. Dag en nacht	25
21. Maanden. Seizoenen	26
22. Meeteenheden	28
23. Containers	29

MENS	30
Mens. Het lichaam	30

24. Hoofd	30
25. Menselijk lichaam	31

Kleding en accessoires	32

26. Bovenkleding. Jassen	32
27. Heren & dames kleding	32

28. Kleding. Ondergoed	33
29. Hoofddeksels	33
30. Schoeisel	33
31. Persoonlijke accessoires	34
32. Kleding. Diversen	34
33. Persoonlijke verzorging. Schoonheidsmiddelen	35
34. Horloges. Klokken	36

Voedsel. Voeding 37

35. Voedsel	37
36. Drankjes	38
37. Groenten	39
38. Vruchten. Noten	40
39. Brood. Snoep	41
40. Bereide gerechten	41
41. Kruiden	42
42. Maaltijden	43
43. Tafelschikking	44
44. Restaurant	44

Familie, verwanten en vrienden 45

45. Persoonlijke informatie. Formulieren	45
46. Familieleden. Verwanten	45

Geneeskunde 47

47. Ziekten	47
48. Symptomen. Behandelingen. Deel 1	48
49. Symptomen. Behandelingen. Deel 2	49
50. Symptomen. Behandelingen. Deel 3	50
51. Artsen	51
52. Geneeskunde. Medicijnen. Accessoires	51

HET MENSELIJKE LEEFGEBIED 53
Stad 53

53. Stad. Het leven in de stad	53
54. Stedelijke instellingen	54
55. Borden	55
56. Stedelijk vervoer	56
57. Bezienswaardigheden	57
58. Winkelen	58
59. Geld	59
60. Post. Postkantoor	60

Woning. Huis. Thuis 61

61. Huis. Elektriciteit	61

62. Villa. Herenhuis	61
63. Appartement	61
64. Meubels. Interieur	62
65. Beddengoed	63
66. Keuken	63
67. Badkamer	64
68. Huishoudelijke apparaten	65

MENSELIJKE ACTIVITEITEN 66
Baan. Business. Deel 1 66

69. Kantoor. Op kantoor werken	66
70. Bedrijfsprocessen. Deel 1	67
71. Bedrijfsprocessen. Deel 2	68
72. Productie. Werken	69
73. Contract. Overeenstemming	70
74. Import & Export	71
75. Financiën	71
76. Marketing	72
77. Reclame	73
78. Bankieren	73
79. Telefoon. Telefoongesprek	74
80. Mobiele telefoon	75
81. Schrijfbehoeften	75
82. Soorten bedrijven	76

Baan. Business. Deel 2 78

83. Show. Tentoonstelling	78
84. Wetenschap. Onderzoek. Wetenschappers	79

Beroepen en ambachten 81

85. Zoeken naar werk. Ontslag	81
86. Zakenmensen	81
87. Dienstverlenende beroepen	83
88. Militaire beroepen en rangen	83
89. Ambtenaren. Priesters	84
90. Agrarische beroepen	85
91. Kunst beroepen	85
92. Verschillende beroepen	86
93. Beroepen. Sociale status	87

Onderwijs 88

94. School	88
95. Hogeschool. Universiteit	89
96. Wetenschappen. Disciplines	90
97. Schrift. Spelling	90
98. Vreemde talen	91

| Rusten. Entertainment. Reizen | 93 |

| 99. Trip. Reizen | 93 |
| 100. Hotel | 93 |

TECHNISCHE APPARATUUR. VERVOER 95
Technische apparatuur 95

101. Computer	95
102. Internet. E-mail	96
103. Elektriciteit	97
104. Gereedschappen	98

Vervoer 100

105. Vliegtuig	100
106. Trein	101
107. Schip	102
108. Vliegveld	103

Gebeurtenissen in het leven 105

109. Vakanties. Evenement	105
110. Begrafenissen. Begrafenis	106
111. Oorlog. Soldaten	106
112. Oorlog. Militaire acties. Deel 1	108
113. Oorlog. Militaire acties. Deel 2	109
114. Wapens	110
115. Oude mensen	112
116. Middeleeuwen	113
117. Leider. Baas. Autoriteiten	114
118. De wet overtreden. Criminelen. Deel 1	115
119. De wet overtreden. Criminelen. Deel 2	116
120. Politie. Wet. Deel 1	117
121. Politie. Wet. Deel 2	119

NATUUR 121
De Aarde. Deel 1 121

122. De kosmische ruimte	121
123. De Aarde	122
124. Windrichtingen	123
125. Zee. Oceaan	123
126. Namen van zeeën en oceanen	124
127. Bergen	125
128. Bergen namen	126
129. Rivieren	126
130. Namen van rivieren	127
131. Bos	127
132. Natuurlijke hulpbronnen	128

De Aarde. Deel 2 — 130

133. Weer — 130
134. Zwaar weer. Natuurrampen — 131

Fauna — 132

135. Zoogdieren. Roofdieren — 132
136. Wilde dieren — 132
137. Huisdieren — 133
138. Vogels — 134
139. Vis. Zeedieren — 136
140. Amfibieën. Reptielen — 136
141. Insecten — 137

Flora — 138

142. Bomen — 138
143. Heesters — 139
144. Vruchten. Bessen — 139
145. Bloemen. Planten — 140
146. Granen, graankorrels — 141

LANDEN. NATIONALITEITEN — 142

147. West-Europa — 142
148. Centraal- en Oost-Europa — 142
149. Voormalige USSR landen — 143
150. Azië — 143
151. Noord-Amerika — 144
152. Midden- en Zuid-Amerika — 144
153. Afrika — 145
154. Australië. Oceanië — 145
155. Steden — 145

UITSPRAAKGIDS

T&P fonetisch alfabet	Thai voorbeeld	Nederlands voorbeeld

Klinkers

[a]	ห้า [hâ:] – hâa	acht
[e]	เป็นลม [pen lom] – bpen lom	delen, spreken
[i]	วินัย [wí? naj] – wí–nai	bidden, tint
[o]	โกน [ko:n] – gohn	overeenkomst
[u]	ขุ่นเคือง [kʰùn kʰɯ:aŋ] – khùn kheuang	hoed, doe
[aa]	ราคา [ra: kʰa:] – raa–khaa	aan, maart
[oo]	ภูมิใจ [pʰu:m tɕaj] – phoom jai	fuut, uur
[ee]	บัญชี [ban tɕʰi:] – ban–chee	team, portier
[eu]	เดือน [dɯ:an] – deuan	Lange [ə]
[er]	เงิน [ŋɤn] – ngern	deur
[ae]	แปล [plɛ:] – bplae	zwemmen, existeren
[ay]	เลข [le:k] – lâyk	twee, ongeveer
[ai]	ไปป์ [paj] – bpai	byte, majoor
[oi]	โพย [pʰo:j] – phoi	Hanoi, cowboy
[ya]	สัญญา [sǎn ja:] – sǎn–yaa	signaal, Spanjaard
[oie]	อบเชย [ʔòp tɕʰɤ:j] – òp–choie	Combinatie [ə:i]
[ieo]	หน้าเชียว [nâ: si:aw] – nâa sieow	Kia Motors

Aan het begin van een lettergreep

[b]	บาง [ba:ŋ] – baang	hebben
[d]	สีแดง [sǐ: dɛ:ŋ] – sěe daeng	Dank u, honderd
[f]	มันฝรั่ง [man fà ràŋ] – man fà–ràng	feestdag, informeren
[h]	เฮลซิงกิ [he:n siŋ kì?] – hayn–sing–gì	het, herhalen
[y]	ยี่สิบ [jî: sìp] – yêe sip	New York, januari
[g]	กรง [kroŋ] – grorng	goal, tango
[kh]	เลขา [le: kʰǎ:] – lay–khǎa	deukhoed, Stockholm
[l]	เล็ก [lék] – lék	delen, luchter
[m]	เมลอน [me: lɔ:n] – may–lorn	morgen, etmaal
[n]	หนัง [nǎŋ] – nǎng	nemen, zonder
[ng]	เงือก [ŋɯ:ak] – ngêuak	optelling, jongeman
[bp]	เป็น [pen] – bpen	parallel, koper
[ph]	เผา [pʰǎw] – phǎo	ophouden, ophangen
[r]	เบอร์รี่ [bɤ: rî:] – ber–rêe	roepen, breken
[s]	ซอน [sôn] – sôrn	spreken, kosten
[dt]	ดนตรี [don tri:] – don–dtree	tomaat, taart
[j]	ปั้นจั่น [pân tɕàn] – bpân jàn	ongeveer 'tjie'

T&P fonetisch alfabet	Thai voorbeeld	Nederlands voorbeeld
[ch]	วิชา [wí? tɕʰaː] – wí–chaa	aspiraat [tsch]
[th]	แถว [tʰɛːw] – thǎe	luchthaven, stadhuis
[w]	เดียว [kʰiːaw] – khieow	twee, willen

Aan het einde van een lettergreep

[k]	แม่เหล็ก [mɛː lèk] – mâe lèk	kennen, kleur
[m]	เพิ่ม [pʰɤːm] – phêrm	morgen, etmaal
[n]	เนียน [niːan] – nian	nemen, zonder
[ng]	เป็นห่วง [pen hùːaŋ] – bpen hùang	optelling, jongeman
[p]	ไม่ขยับ [mâj kʰà ja p] – mâi khà–yàp	parallel, koper
[t]	ลูกเป็ด [lûːk pèt] – lôok bpèt	tomaat, taart

Opmerkingen

Midden Toon - [ā] การดูณ [gaan khon]
Laag Toon - [à] แจกจ่าย [jàek jàai]
Dalend Toon - [â] เต้ม [dtâem]
Hoog Toon - [á] แซ็กโซโฟน [sáek-soh-fohn]
Stijgend Toon - [ǎ] เนินเขา [nern khǎo]

AFKORTINGEN
gebruikt in de woordenschat

Nederlandse afkortingen

abn	-	als bijvoeglijk naamwoord
bijv.	-	bijvoorbeeld
bn	-	bijvoeglijk naamwoord
bw	-	bijwoord
enk.	-	enkelvoud
enz.	-	enzovoort
form.	-	formele taal
inform.	-	informele taal
mann.	-	mannelijk
mil.	-	militair
mv.	-	meervoud
on.ww.	-	onovergankelijk werkwoord
ontelb.	-	ontelbaar
ov.	-	over
ov.ww.	-	overgankelijk werkwoord
telb.	-	telbaar
vn	-	voornaamwoord
vrouw.	-	vrouwelijk
vw	-	voegwoord
vz	-	voorzetsel
wisk.	-	wiskunde
ww	-	werkwoord

Nederlandse artikelen

de	-	gemeenschappelijk geslacht
de/het	-	gemeenschappelijk geslacht, onzijdig
het	-	onzijdig

BASISBEGRIPPEN

Basisbegrippen Deel 1

1. Voornaamwoorden

jij, je	คุณ	khun
hij	เขา	khăo
zij, ze	เธอ	ther
het	มัน	man
wij, we	เรา	rao
jullie	คุณทั้งหลาย	khun tháng lăai
U (form., enk.)	คุณ	khun
U (form., mv.)	คุณทั้งหลาย	khun tháng lăai
zij, ze (mann.)	เขา	khăo
zij, ze (vrouw.)	เธอ	ther

2. Begroetingen. Begroetingen. Afscheid

Hallo! Dag!	สวัสดี!	sà-wàt-dee
Hallo!	สวัสดี ครับ/ค่ะ!	sà-wàt-dee khráp/khâ
Goedemorgen!	อรุณสวัสดี!	a-run sà-wàt
Goedemiddag!	สวัสดีตอนบ่าย	sà-wàt-dee dtorn-bàai
Goedenavond!	สวัสดีตอนค่ำ	sà-wàt-dee dtorn-khâm
gedag zeggen (groeten)	ทักทาย	thák thaai
Hoi!	สวัสดี!	sà-wàt-dee
groeten (het)	คำทักทาย	kham thák thaai
verwelkomen (ww)	ทักทาย	thák thaai
Hoe gaat het met u?	คุณสบายดีไหม?	khun sà-baai dee măi
Hoe is het?	สบายดีไหม?	sà-baai dee măi
Is er nog nieuws?	มีอะไรใหม่?	mee à-rai mài
Tot ziens! (form.)	ลาก่อน!	laa gòrn
Doei!	บาย!	baai
Tot snel! Tot ziens!	พบกันใหม่	phóp gan mài
Vaarwel! (inform.)	ลาก่อน!	laa gòrn
Vaarwel! (form.)	สวัสดี!	sà-wàt-dee
afscheid nemen (ww)	บอกลา	bòrk laa
Tot kijk!	ลาก่อน!	laa gòrn
Dank u!	ขอบคุณ!	khòrp khun
Dank u wel!	ขอบคุณมาก!	khòrp khun mâak
Graag gedaan	ยินดีช่วย	yin dee chûay
Geen dank!	ไม่เป็นไร	mâi bpen rai

Geen moeite.	ไม่เป็นไร	mâi bpen rai
Excuseer me, ... (inform.)	ขอโทษที่!	khŏr thôht thee
Excuseer me, ... (form.)	ขอโทษ ครับ/ค่ะ!	khŏr thôht khráp / khâ
excuseren (verontschuldigen)	ให้อภัย	hâi a-phai
zich verontschuldigen	ขอโทษ	khŏr thôht
Mijn excuses.	ขอโทษ	khŏr thôht
Het spijt me!	ขอโทษ!	khŏr thôht
vergeven (ww)	อภัย	a-phai
Maakt niet uit!	ไม่เป็นไร!	mâi bpen rai
alsjeblieft	โปรด	bpròht
Vergeet het niet!	อย่าลืม!	yàa leum
Natuurlijk!	แน่นอน!	nâe norn
Natuurlijk niet!	ไม่ใช่แน่!	mâi châi nâe
Akkoord!	โอเค!	oh-khay
Zo is het genoeg!	พอแล้ว	phor láew

3. Hoe aan te spreken

Excuseer me, ...	ขอโทษ	khŏr thôht
meneer	ท่าน	thâan
mevrouw	คุณ	khun
juffrouw	คุณ	khun
jongeman	พ่อหนุ่ม	phôr nùm
jongen	หนู	nŏo
meisje	หนู	nŏo

4. Kardinale getallen. Deel 1

nul	ศูนย์	sŏon
een	หนึ่ง	nèung
twee	สอง	sŏrng
drie	สาม	săam
vier	สี่	sèe
vijf	ห้า	hâa
zes	หก	hòk
zeven	เจ็ด	jèt
acht	แปด	bpàet
negen	เก้า	gâo
tien	สิบ	sìp
elf	สิบเอ็ด	sìp èt
twaalf	สิบสอง	sìp sŏrng
dertien	สิบสาม	sìp săam
veertien	สิบสี่	sìp sèe
vijftien	สิบห้า	sìp hâa
zestien	สิบหก	sìp hòk
zeventien	สิบเจ็ด	sìp jèt
achttien	สิบแปด	sìp bpàet

negentien	สิบเก้า	sìp gâo
twintig	ยี่สิบ	yêe sìp
eenentwintig	ยี่สิบเอ็ด	yêe sìp èt
tweeëntwintig	ยี่สิบสอง	yêe sìp sǒrng
drieëntwintig	ยี่สิบสาม	yêe sìp sǎam
dertig	สามสิบ	sǎam sìp
eenendertig	สามสิบเอ็ด	sǎam-sìp-èt
tweeëndertig	สามสิบสอง	sǎam-sìp-sǒrng
drieëndertig	สามสิบสาม	sǎam-sìp-sǎam
veertig	สี่สิบ	sèe sìp
eenenveertig	สี่สิบเอ็ด	sèe-sìp-èt
tweeënveertig	สี่สิบสอง	sèe-sìp-sǒrng
drieënveertig	สี่สิบสาม	sèe-sìp-sǎam
vijftig	ห้าสิบ	hâa sìp
eenenvijftig	ห้าสิบเอ็ด	hâa-sìp-èt
tweeënvijftig	ห้าสิบสอง	hâa-sìp-sǒrng
drieënvijftig	ห้าสิบสาม	hâa-sìp-sǎam
zestig	หกสิบ	hòk sìp
eenenzestig	หกสิบเอ็ด	hòk-sìp-èt
tweeënzestig	หกสิบสอง	hòk-sìp-sǒrng
drieënzestig	หกสิบสาม	hòk-sìp-sǎam
zeventig	เจ็ดสิบ	jèt sìp
eenenzeventig	เจ็ดสิบเอ็ด	jèt-sìp-èt
tweeënzeventig	เจ็ดสิบสอง	jèt-sìp-sǒrng
drieënzeventig	เจ็ดสิบสาม	jèt-sìp-sǎam
tachtig	แปดสิบ	bpàet sìp
eenentachtig	แปดสิบเอ็ด	bpàet-sìp-èt
tweeëntachtig	แปดสิบสอง	bpàet-sìp-sǒrng
drieëntachtig	แปดสิบสาม	bpàet-sìp-sǎam
negentig	เก้าสิบ	gâo sìp
eenennegentig	เก้าสิบเอ็ด	gâo-sìp-èt
tweeënnegentig	เก้าสิบสอง	gâo-sìp-sǒrng
drieënnegentig	เก้าสิบสาม	gâo-sìp-sǎam

5. Kardinale getallen. Deel 2

honderd	หนึ่งร้อย	nèung rói
tweehonderd	สองร้อย	sǒrng rói
driehonderd	สามร้อย	sǎam rói
vierhonderd	สี่ร้อย	sèe rói
vijfhonderd	ห้าร้อย	hâa rói
zeshonderd	หกร้อย	hòk rói
zevenhonderd	เจ็ดร้อย	jèt rói
achthonderd	แปดร้อย	bpàet rói
negenhonderd	เก้าร้อย	gâo rói

duizend	หนึ่งพัน	nèung phan
tweeduizend	สองพัน	sŏrng phan
drieduizend	สามพัน	săam phan
tienduizend	หนึ่งหมื่น	nèung mèun
honderdduizend	หนึ่งแสน	nèung săen
miljoen (het)	ล้าน	láan
miljard (het)	พันล้าน	phan láan

6. Ordinale getallen

eerste (bn)	แรก	râek
tweede (bn)	ที่สอง	thêe sŏrng
derde (bn)	ที่สาม	thêe săam
vierde (bn)	ที่สี่	thêe sèe
vijfde (bn)	ที่ห้า	thêe hâa
zesde (bn)	ที่หก	thêe hòk
zevende (bn)	ที่เจ็ด	thêe jèt
achtste (bn)	ที่แปด	thêe bpàet
negende (bn)	ที่เก้า	thêe gâo
tiende (bn)	ที่สิบ	thêe sìp

7. Getallen. Breuken

breukgetal (het)	เศษส่วน	sàyt sùan
half	หนึ่งส่วนสอง	nèung sùan sŏrng
een derde	หนึ่งส่วนสาม	nèung sùan săam
kwart	หนึ่งส่วนสี่	nèung sùan sèe
een achtste	หนึ่งส่วนแปด	nèung sùan bpàet
een tiende	หนึ่งส่วนสิบ	nèung sùan sìp
twee derde	สองส่วนสาม	sŏrng sùan săam
driekwart	สามส่วนสี่	săam sùan sèe

8. Getallen. Eenvoudige berekeningen

aftrekking (de)	การลบ	gaan lóp
aftrekken (ww)	ลบ	lóp
deling (de)	การหาร	gaan hăan
delen (ww)	หาร	hăan
optelling (de)	การบวก	gaan bùak
erbij optellen (bij elkaar voegen)	บวก	bùak
optellen (ww)	เพิ่ม	phêrm
vermenigvuldiging (de)	การคูณ	gaan khon
vermenigvuldigen (ww)	คูณ	khoon

9. Getallen. Diversen

cijfer (het)	ตัวเลข	dtua lâyk
nummer (het)	เลข	lâyk
telwoord (het)	ตัวเลข	dtua lâyk
minteken (het)	เครื่องหมายลบ	khrêuang măai lóp
plusteken (het)	เครื่องหมายบวก	khrêuang măai bùak
formule (de)	สูตร	sòot
berekening (de)	การนับ	gaan náp
tellen (ww)	นับ	náp
bijrekenen (ww)	นับ	náp
vergelijken (ww)	เปรียบเทียบ	bprìap thîap
Hoeveel? (ontelb.)	เท่าไหร่?	thâo rài
Hoeveel? (telb.)	กี่...?	gèe...?
som (de), totaal (het)	ผลรวม	phŏn ruam
uitkomst (de)	ผลลัพธ์	phŏn láp
rest (de)	ที่เหลือ	thêe lĕua
enkele (bijv. ~ minuten)	สองสาม	sŏrng săam
weinig (bw)	นิดหน่อย	nít nòi
weinig (telb.)	น้อย	nói
restant (het)	ที่เหลือ	thêe lĕua
anderhalf	หนึ่งครึ่ง	nèung khrêung
dozijn (het)	โหล	lŏh
middendoor (bw)	เป็นสองส่วน	bpen sŏrng sùan
even (bw)	เท่าเทียมกัน	thâo thiam gan
helft (de)	ครึ่ง	khrêung
keer (de)	ครั้ง	khráng

10. De belangrijkste werkwoorden. Deel 1

aanbevelen (ww)	แนะนำ	náe nam
aandringen (ww)	ยืนยัน	yeun yan
aankomen (per auto, enz.)	มา	maa
aanraken (ww)	แตะต้อง	dtàe dtôrng
adviseren (ww)	แนะนำ	náe nam
afdalen (on.ww.)	ลง	long
afslaan (naar rechts ~)	เลี้ยว	líeow
antwoorden (ww)	ตอบ	dtòrp
bang zijn (ww)	กลัว	glua
bedreigen (bijv. met een pistool)	ขู่	khòo
bedriegen (ww)	หลอก	lòrk
beëindigen (ww)	จบ	jòp
beginnen (ww)	เริ่ม	rêrm
begrijpen (ww)	เข้าใจ	khâo jai
beheren (managen)	บริหาร	bor-rí-hăan

Nederlands	Thai	Transliteratie
beledigen (met scheldwoorden)	ดูถูก	doo thòok
beloven (ww)	สัญญา	sǎn-yaa
bereiden (koken)	ทำอาหาร	tham aa-hǎan
bespreken (spreken over)	หารือ	hǎa-reu
bestellen (eten ~)	สั่ง	sàng
bestraffen (een stout kind ~)	ลงโทษ	long thôht
betalen (ww)	จ่าย	jàai
betekenen (beduiden)	หมาย	mǎai
betreuren (ww)	เสียใจ	sǐa jai
bevallen (prettig vinden)	ชอบ	chôrp
bevelen (mil.)	สั่งการ	sàng gaan
bevrijden (stad, enz.)	ปล่อยปล่อย	bplòt bplòi
bewaren (ww)	รักษา	rák-sǎa
bezitten (ww)	เป็นเจ้าของ	bpen jâo khǒrng
bidden (praten met God)	ภาวนา	phaa-wá-naa
binnengaan (een kamer ~)	เข้า	khâo
breken (ww)	แตก	dtàek
controleren (ww)	ควบคุม	khûap khum
creëren (ww)	สร้าง	sâang
deelnemen (ww)	มีส่วนร่วม	mee sùan rûam
denken (ww)	คิด	khít
doden (ww)	ฆ่า	khâa
doen (ww)	ทำ	tham
dorst hebben (ww)	กระหายน้ำ	grà-hǎai náam

11. De belangrijkste werkwoorden. Deel 2

Nederlands	Thai	Transliteratie
een hint geven	บอกใบ้	bòrk bâi
eisen (met klem vragen)	เรียกร้อง	rîak rórng
excuseren (vergeven)	ให้อภัย	hâi a-phai
existeren (bestaan)	มีอยู่	mee yòo
gaan (te voet)	ไป	bpai
gaan zitten (ww)	นั่ง	nâng
gaan zwemmen	ไปว่ายน้ำ	bpai wâai náam
geven (ww)	ให้	hâi
glimlachen (ww)	ยิ้ม	yím
goed raden (ww)	คาดเดา	khâat dao
grappen maken (ww)	ล้อเล่น	lór lên
graven (ww)	ขุด	khùt
hebben (ww)	มี	mee
helpen (ww)	ช่วย	chûay
herhalen (opnieuw zeggen)	ซ้ำ	sám
honger hebben (ww)	หิว	hǐw
hopen (ww)	หวัง	wǎng
horen (waarnemen met het oor)	ได้ยิน	dâai yin

huilen (wenen)	ร้องไห้	rórng hâi
huren (huis, kamer)	เช่า	châo
informeren (informatie geven)	แจง	jâeng
instemmen (akkoord gaan)	เห็นด้วย	hĕn dûay
jagen (ww)	ล่า	lâa
kennen (kennis hebben van iemand)	รู้จัก	róo jàk
kiezen (ww)	เลือก	lêuak
klagen (ww)	บ่น	bòn
kosten (ww)	ราคา	raa-khaa
kunnen (ww)	สามารถ	săa-mâat
lachen (ww)	หัวเราะ	hŭa rór
laten vallen (ww)	ทิ้งให้ตก	thíng hâi dtòk
lezen (ww)	อ่าน	àan
liefhebben (ww)	รัก	rák
lunchen (ww)	ทานอาหารเที่ยง	thaan aa-hăan thîang
nemen (ww)	เอา	ao
nodig zijn (ww)	ต้องการ	dtôrng gaan

12. De belangrijkste werkwoorden. Deel 3

onderschatten (ww)	ดูถูก	doo thòok
ondertekenen (ww)	ลงนาม	long naam
ontbijten (ww)	ทานอาหารเช้า	thaan aa-hăan cháo
openen (ww)	เปิด	bpèrt
ophouden (ww)	หยุด	yùt
opmerken (zien)	สังเกต	săng-gàyt
opscheppen (ww)	โอ้อวด	ôh ùat
opschrijven (ww)	จด	jòt
plannen (ww)	วางแผน	waang phăen
prefereren (verkiezen)	ชอบ	chôrp
proberen (trachten)	พยายาม	phá-yaa-yaam
redden (ww)	กู้	gôo
rekenen op ...	พึ่งพา	phêung phaa
rennen (ww)	วิ่ง	wîng
reserveren (een hotelkamer ~)	จอง	jorng
roepen (om hulp)	เรียก	rîak
schieten (ww)	ยิง	ying
schreeuwen (ww)	ตะโกน	dtà-gohn
schrijven (ww)	เขียน	khĭan
souperen (ww)	ทานอาหารเย็น	thaan aa-hăan yen
spelen (kinderen)	เล่น	lên
spreken (ww)	พูด	phôot
stelen (ww)	ขโมย	khà-moi
stoppen (pauzeren)	หยุด	yùt
studeren (Nederlands ~)	เรียน	rian
sturen (zenden)	ส่ง	sòng

tellen (optellen)	นับ	náp
toebehoren aan ...	เป็นของของ...	bpen khŏrng khŏrng...
toestaan (ww)	อนุญาต	a-nú-yâat
tonen (ww)	แสดง	sà-daeng
twijfelen (onzeker zijn)	สงสัย	sŏng-săi
uitgaan (ww)	ออกไป	òrk bpai
uitnodigen (ww)	เชิญ	chern
uitspreken (ww)	ออกเสียง	òrk sĭang
uitvaren tegen (ww)	ดุด่า	dù dàa

13. De belangrijkste werkwoorden. Deel 4

vallen (ww)	ตก	dtòk
vangen (ww)	จับ	jàp
veranderen (anders maken)	เปลี่ยน	bplìan
verbaasd zijn (ww)	ประหลาดใจ	bprà-làat jai
verbergen (ww)	ซ่อน	sôrn
verdedigen (je land ~)	ปกป้อง	bpòk bpôrng
verenigen (ww)	สมาน	sà-măan
vergelijken (ww)	เปรียบเทียบ	bprìap thîap
vergeten (ww)	ลืม	leum
vergeven (ww)	ให้อภัย	hâi a-phai
verklaren (uitleggen)	อธิบาย	à-thí-baai
verkopen (per stuk ~)	ขาย	khăai
vermelden (praten over)	กล่าวถึง	glàao thĕung
versieren (decoreren)	ประดับ	bprà-dàp
vertalen (ww)	แปล	bplae
vertrouwen (ww)	เชื่อ	chêua
vervolgen (ww)	ทำต่อไป	tham dtòr bpai
verwarren (met elkaar ~)	สับสน	sàp sŏn
verzoeken (ww)	ขอ	khŏr
verzuimen (school, enz.)	พลาด	phlâat
vinden (ww)	พบ	phóp
vliegen (ww)	บิน	bin
volgen (ww)	ไปตาม...	bpai dtaam...
voorstellen (ww)	เสนอ	sà-nĕr
voorzien (verwachten)	คาดหวัง	khâat wăng
vragen (ww)	ถาม	thăam
waarnemen (ww)	สังเกตการณ์	săng-gàyt gaan
waarschuwen (ww)	เตือน	dteuan
wachten (ww)	รอ	ror
weerspreken (ww)	ค้าน	kháan
weigeren (ww)	ปฏิเสธ	bpà-dtì-sàyt
werken (ww)	ทำงาน	tham ngaan
weten (ww)	รู้	róo
willen (verlangen)	ต้องการ	dtôrng gaan
zeggen (ww)	บอก	bòrk

zich haasten (ww)	รีบ	rêep
zich interesseren voor ...	สนใจใน	sǒn jai nai
zich vergissen (ww)	ทำผิด	tham phìt
zich verontschuldigen	ขอโทษ	khǒr thôht
zien (ww)	เห็น	hěn
zijn (ww)	เป็น	bpen
zoeken (ww)	หา	hǎa
zwemmen (ww)	ว่ายน้ำ	wâai náam
zwijgen (ww)	นิ่งเงียบ	nîng ngîap

14. Kleuren

kleur (de)	สี	sěe
tint (de)	สีอ่อน	sěe òrn
kleurnuance (de)	สีสัน	sěe sǎn
regenboog (de)	สายรุ้ง	sǎai rúng
wit (bn)	สีขาว	sěe khǎao
zwart (bn)	สีดำ	sěe dam
grijs (bn)	สีเทา	sěe thao
groen (bn)	สีเขียว	sěe khǐeow
geel (bn)	สีเหลือง	sěe lěuang
rood (bn)	สีแดง	sěe daeng
blauw (bn)	สีน้ำเงิน	sěe nám ngern
lichtblauw (bn)	สีฟ้า	sěe fáa
roze (bn)	สีชมพู	sěe chom-poo
oranje (bn)	สีส้ม	sěe sôm
violet (bn)	สีม่วง	sěe mûang
bruin (bn)	สีน้ำตาล	sěe nám dtaan
goud (bn)	สีทอง	sěe thorng
zilverkleurig (bn)	สีเงิน	sěe ngern
beige (bn)	สีน้ำตาลอ่อน	sěe nám dtaan òrn
roomkleurig (bn)	สีครีม	sěe khreem
turkoois (bn)	สีเขียวแกมน้ำเงิน	sěe khǐeow gaem náam ngern
kersrood (bn)	สีแดงเชอร์รี่	sěe daeng cher-rêe
lila (bn)	สีม่วงอ่อน	sěe mûang-òrn
karmijnrood (bn)	สีแดงเข้ม	sěe daeng khâym
licht (bn)	อ่อน	òrn
donker (bn)	แก่	gàe
fel (bn)	สด	sòt
kleur-, kleurig (bn)	สี	sěe
kleuren- (abn)	สี	sěe
zwart-wit (bn)	ขาวดำ	khǎao-dam
eenkleurig (bn)	สีเดียว	sěe dieow
veelkleurig (bn)	หลากสี	làak sěe

15. Vragen

Nederlands	Thai	Transliteratie
Wie?	ใคร?	khrai
Wat?	อะไร?	a-rai
Waar?	ที่ไหน?	thêe nǎi
Waarheen?	ที่ไหน?	thêe nǎi
Waarvandaan?	จากที่ไหน?	jàak thêe nǎi
Wanneer?	เมื่อไหร่?	mêua rài
Waarom?	ทำไม?	tham-mai
Waarom?	ทำไม?	tham-mai
Waarvoor dan ook?	เพื่ออะไร?	phêua a-rai
Hoe?	อย่างไร?	yàang rai
Wat voor …?	อะไร?	a-rai
Welk?	ไหน?	nǎi
Aan wie?	สำหรับใคร?	sǎm-ràp khrai
Over wie?	เกี่ยวกับใคร?	gìeow gàp khrai
Waarover?	เกี่ยวกับอะไร?	gìeow gàp a-rai
Met wie?	กับใคร?	gàp khrai
Hoeveel? (telb.)	กี่...?	gèe…?
Hoeveel? (ontelb.)	เท่าไหร่?	thâo rài
Van wie? (mann.)	ของใคร?	khǒrng khrai

16. Voorzetsels

Nederlands	Thai	Transliteratie
met (bijv. ~ beleg)	กับ	gàp
zonder (~ accent)	ปราศจาก	bpràat-sà-jàak
naar (in de richting van)	ไปที่	bpai thêe
over (praten ~)	เกี่ยวกับ	gìeow gàp
voor (in tijd)	ก่อน	gòrn
voor (aan de voorkant)	หน้า	nâa
onder (lager dan)	ใต้	dtâi
boven (hoger dan)	เหนือ	něua
op (bovenop)	บน	bon
van (uit, afkomstig van)	จาก	jàak
van (gemaakt van)	ทำใช้	tham chái
over (bijv. ~ een uur)	ใน	nai
over (over de bovenkant)	ข้าม	khâam

17. Functiewoorden. Bijwoorden. Deel 1

Nederlands	Thai	Transliteratie
Waar?	ที่ไหน?	thêe nǎi
hier (bw)	ที่นี่	thêe nêe
daar (bw)	ที่นั่น	thêe nân
ergens (bw)	ที่ใดที่หนึ่ง	thêe dai thêe nèung
nergens (bw)	ไม่มีที่ไหน	mâi mee thêe nǎi

21

bij ... (in de buurt)	ข้าง	khâang
bij het raam	ข้างหน้าต่าง	khâang nâa dtàang
Waarheen?	ที่ไหน?	thêe năi
hierheen (bw)	ที่นี่	thêe nêe
daarheen (bw)	ที่นั่น	thêe nân
hiervandaan (bw)	จากที่นี่	jàak thêe nêe
daarvandaan (bw)	จากที่นั่น	jàak thêe nân
dichtbij (bw)	ใกล้	glâi
ver (bw)	ไกล	glai
in de buurt (van ...)	ใกล้	glâi
dichtbij (bw)	ใกล้ๆ	glâi glâi
niet ver (bw)	ไม่ไกล	mâi glai
linker (bn)	ซ้าย	sáai
links (bw)	ข้างซ้าย	khâang sáai
linksaf, naar links (bw)	ซ้าย	sáai
rechter (bn)	ขวา	khwăa
rechts (bw)	ข้างขวา	khâang kwăa
rechtsaf, naar rechts (bw)	ขวา	khwăa
vooraan (bw)	ข้างหน้า	khâang nâa
voorste (bn)	หน้า	nâa
vooruit (bw)	หน้า	nâa
achter (bw)	ข้างหลัง	khâang lăng
van achteren (bw)	จากข้างหลัง	jàak khâang lăng
achteruit (naar achteren)	หลัง	lăng
midden (het)	กลาง	glaang
in het midden (bw)	ตรงกลาง	dtrorng glaang
opzij (bw)	ข้าง	khâang
overal (bw)	ทุกที่	thúk thêe
omheen (bw)	รอบ	rôrp
binnenuit (bw)	จากข้างใน	jàak khâang nai
naar ergens (bw)	ที่ไหน	thêe năi
rechtdoor (bw)	ตรงไป	dtrorng bpai
terug (bijv. ~ komen)	กลับ	glàp
ergens vandaan (bw)	จากที่ใด	jàak thêe dai
ergens vandaan (en dit geld moet ~ komen)	จากที่ใด	jàak thêe dai
ten eerste (bw)	ข้อที่หนึ่ง	khôr thêe nèung
ten tweede (bw)	ข้อที่สอง	khôr thêe sŏrng
ten derde (bw)	ข้อที่สาม	khôr thêe săam
plotseling (bw)	ในทันที	nai than thee
in het begin (bw)	ตอนแรก	dtorn-râek
voor de eerste keer (bw)	เป็นครั้งแรก	bpen khráng râek
lang voor ... (bw)	นานก่อน	naan gòrn

opnieuw (bw)	ใหม่	mài
voor eeuwig (bw)	ใจจบสิ้น	hâi jòp sîn
nooit (bw)	ไม่เคย	mâi khoie
weer (bw)	อีกครั้งหนึ่ง	èek khráng nèung
nu (bw)	ตอนนี้	dtorn-née
vaak (bw)	บอย	bòi
toen (bw)	เวลานั้น	way-laa nán
urgent (bw)	อย่างเร่งด่วน	yàang râyng dùan
meestal (bw)	มักจะ	mák jà
trouwens, ... (tussen haakjes)	อนึ่ง	à-nèung
mogelijk (bw)	เป็นไปได้	bpen bpai dâai
waarschijnlijk (bw)	อาจจะ	àat jà
misschien (bw)	อาจจะ	àat jà
trouwens (bw)	นอกจากนั้น...	nôrk jàak nán...
daarom ...	นั้นเป็นเหตุผลที่...	nân bpen hàyt phǒn thêe...
in weerwil van ...	แม้ว่า...	máe wâa...
dankzij ...	เนื่องจาก...	nêuang jàak...
wat (vn)	อะไร	a-rai
dat (vw)	ที่	thêe
iets (vn)	อะไร	a-rai
iets	อะไรก็ตาม	a-rai gôr dtaam
niets (vn)	ไม่มีอะไร	mâi mee a-rai
wie (~ is daar?)	ใคร	khrai
iemand (een onbekende)	บางคน	baang khon
iemand (een bepaald persoon)	บางคน	baang khon
niemand (vn)	ไม่มีใคร	mâi mee khrai
nergens (bw)	ไม่ไปไหน	mâi bpai nǎi
niemands (bn)	ไม่เป็นของของใคร	mâi bpen khǒrng khǒrng khrai
iemands (bn)	ของคนหนึ่ง	khǒrng khon nèung
zo (Ik ben ~ blij)	มาก	mâak
ook (evenals)	ด้วย	dûay
alsook (eveneens)	ด้วย	dûay

18. Functiewoorden. Bijwoorden. Deel 2

Waarom?	ทำไม?	tham-mai
om een bepaalde reden	เพราะเหตุผลอะไร	phrór hàyt phǒn à-rai
omdat ...	เพราะว่า...	phrór wâa
voor een bepaald doel	ด้วยจุดประสงค์อะไร	dûay jùt bpra-sǒng a-rai
en (vw)	และ	láe
of (vw)	หรือ	rěu
maar (vw)	แต่	dtàe
voor (vz)	สำหรับ	sǎm-ràp
te (~ veel mensen)	เกินไป	gern bpai

alleen (bw)	เท่านั้น	thâo nán
precies (bw)	ตรง	dtrorng
ongeveer (~ 10 kg)	ประมาณ	bprà-maan
omstreeks (bw)	ประมาณ	bprà-maan
bij benadering (bn)	ประมาณ	bprà-maan
bijna (bw)	เกือบ	gèuap
rest (de)	ที่เหลือ	thêe lĕua
de andere (tweede)	อีก	èek
ander (bn)	อื่น	èun
elk (bn)	ทุก	thúk
om het even welk	ใดๆ	dai dai
veel (telb.)	หลาย	lăai
veel (ontelb.)	มาก	mâak
veel mensen	หลายคน	lăai khon
iedereen (alle personen)	ทุกๆ	thúk thúk
in ruil voor ...	ที่จะเปลี่ยนเป็น	thêe jà bplìan bpen
in ruil (bw)	แทน	thaen
met de hand (bw)	ใช้มือ	chái meu
onwaarschijnlijk (bw)	แทบจะไม่	thâep jà mâi
waarschijnlijk (bw)	อาจจะ	àat jà
met opzet (bw)	โดยเจตนา	doi jàyt-dtà-naa
toevallig (bw)	บังเอิญ	bang-ern
zeer (bw)	มาก	mâak
bijvoorbeeld (bw)	ยกตัวอย่าง	yók dtua yàang
tussen (~ twee steden)	ระหว่าง	rá-wàang
tussen (te midden van)	ท่ามกลาง	tâam-glaang
zoveel (bw)	มากมาย	mâak maai
vooral (bw)	โดยเฉพาะ	doi chà-phór

Basisbegrippen Deel 2

19. Dagen van de week

maandag (de)	วันจันทร์	wan jan
dinsdag (de)	วันอังคาร	wan ang-khaan
woensdag (de)	วันพุธ	wan phút
donderdag (de)	วันพฤหัสบดี	wan phá-réu-hàt-sà-bor-dee
vrijdag (de)	วันศุกร์	wan sùk
zaterdag (de)	วันเสาร์	wan săo
zondag (de)	วันอาทิตย์	wan aa-thít
vandaag (bw)	วันนี้	wan née
morgen (bw)	พรุ่งนี้	phrûng-née
overmorgen (bw)	วันมะรืนนี้	wan má-reun née
gisteren (bw)	เมื่อวานนี้	mêua waan née
eergisteren (bw)	เมื่อวานซืนนี้	mêua waan-seun née
dag (de)	วัน	wan
werkdag (de)	วันทำงาน	wan tham ngaan
feestdag (de)	วันนักขัตฤกษ์	wan nák-khàt-rêrk
verlofdag (de)	วันหยุด	wan yùt
weekend (het)	วันสุดสัปดาห์	wan sùt sàp-daa
de hele dag (bw)	ทั้งวัน	tháng wan
de volgende dag (bw)	วันรุ่งขึ้น	wan rûng khêun
twee dagen geleden	สองวันก่อน	sŏrng wan gòrn
aan de vooravond (bw)	วันก่อนหน้านี้	wan gòrn nâa née
dag-, dagelijks (bn)	รายวัน	raai wan
elke dag (bw)	ทุกวัน	thúk wan
week (de)	สัปดาห์	sàp-daa
vorige week (bw)	สัปดาห์ก่อน	sàp-daa gòrn
volgende week (bw)	สัปดาห์หน้า	sàp-daa nâa
wekelijks (bn)	รายสัปดาห์	raai sàp-daa
elke week (bw)	ทุกสัปดาห์	thúk sàp-daa
twee keer per week	สัปดาห์ละสองครั้ง	sàp-daa lá sŏrng khráng
elke dinsdag	ทุกวันอังคาร	túk wan ang-khaan

20. Uren. Dag en nacht

morgen (de)	เช้า	cháo
's morgens (bw)	ตอนเช้า	dtorn cháo
middag (de)	เที่ยงวัน	thîang wan
's middags (bw)	ตอนบ่าย	dtorn bàai
avond (de)	เย็น	yen
's avonds (bw)	ตอนเย็น	dtorn yen

Nederlands	Thai	Transcriptie
nacht (de)	คืน	kheun
's nachts (bw)	กลางคืน	glaang kheun
middernacht (de)	เที่ยงคืน	thîang kheun
seconde (de)	วินาที	wí-naa-thee
minuut (de)	นาที	naa-thee
uur (het)	ชั่วโมง	chûa mohng
halfuur (het)	ครึ่งชั่วโมง	khrêung chûa mohng
kwartier (het)	สิบห้านาที	sìp hâa naa-thee
vijftien minuten	สิบห้านาที	sìp hâa naa-thee
etmaal (het)	24 ชั่วโมง	yêe sìp sèe · chûa mohng
zonsopgang (de)	พระอาทิตย์ขึ้น	phrá aa-thít khêun
dageraad (de)	ใกล้รุ่ง	glâi rûng
vroege morgen (de)	เช้า	cháo
zonsondergang (de)	พระอาทิตย์ตก	phrá aa-thít dtòk
's morgens vroeg (bw)	ตอนเช้า	dtorn cháo
vanmorgen (bw)	เช้านี้	cháo née
morgenochtend (bw)	พรุ่งนี้เช้า	phrûng-née cháo
vanmiddag (bw)	บ่ายนี้	bàai née
's middags (bw)	ตอนบ่าย	dtorn bàai
morgenmiddag (bw)	พรุ่งนี้บ่าย	phrûng-née bàai
vanavond (bw)	คืนนี้	kheun née
morgenavond (bw)	คืนพรุ่งนี้	kheun phrûng-née
klokslag drie uur	3 โมงตรง	săam mohng dtrorng
ongeveer vier uur	ประมาณ 4 โมง	bprà-maan sèe mohng
tegen twaalf uur	ภายใน 12 โมง	phaai nai sìp sŏng mohng
over twintig minuten	อีก 20 นาที	èek yêe sìp naa-thee
over een uur	อีกหนึ่งชั่วโมง	èek nèung chûa mohng
op tijd (bw)	ทันเวลา	than way-laa
kwart voor ...	อีกสิบห้านาที	èek sìp hâa naa-thee
binnen een uur	ภายในหนึ่งชั่วโมง	phaai nai nèung chûa mohng
elk kwartier	ทุก 15 นาที	thúk sìp hâa naa-thee
de klok rond	ทั้งวัน	tháng wan

21. Maanden. Seizoenen

Nederlands	Thai	Transcriptie
januari (de)	มกราคม	mók-gà-raa khom
februari (de)	กุมภาพันธ์	gum-phaa phan
maart (de)	มีนาคม	mee-naa khom
april (de)	เมษายน	may-săa-yon
mei (de)	พฤษภาคม	phréut-sà-phaa khom
juni (de)	มิถุนายน	mí-thù-naa-yon
juli (de)	กรกฎาคม	gà-rá-gà-daa-khom
augustus (de)	สิงหาคม	sĭng hăa khom
september (de)	กันยายน	gan-yaa-yon
oktober (de)	ตุลาคม	dtù-laa khom

november (de)	พฤศจิกายน	phréut-sà-jì-gaa-yon
december (de)	ธันวาคม	than-waa khom
lente (de)	ฤดูใบไม้ผลิ	réu-doo bai máai phlì
in de lente (bw)	ฤดูใบไม้ผลิ	réu-doo bai máai phlì
lente- (abn)	ฤดูใบไมผลิ	réu-doo bai máai phlì
zomer (de)	ฤดูร้อน	réu-doo rórn
in de zomer (bw)	ฤดูร้อน	réu-doo rórn
zomer-, zomers (bn)	ฤดูรอน	réu-doo rórn
herfst (de)	ฤดูใบไม้ร่วง	réu-doo bai máai rûang
in de herfst (bw)	ฤดูใบไม้ร่วง	réu-doo bai máai rûang
herfst- (abn)	ฤดูใบไมรวง	réu-doo bai máai rûang
winter (de)	ฤดูหนาว	réu-doo năao
in de winter (bw)	ฤดูหนาว	réu-doo năao
winter- (abn)	ฤดูหนาว	réu-doo năao
maand (de)	เดือน	deuan
deze maand (bw)	เดือนนี้	deuan née
volgende maand (bw)	เดือนหนึ่ง	deuan nâa
vorige maand (bw)	เดือนที่แลว	deuan thêe láew
een maand geleden (bw)	หนึ่งเดือนก่อนหน้านี้	nèung deuan gòrn nâa née
over een maand (bw)	อีกหนึ่งเดือน	èek nèung deuan
over twee maanden (bw)	อีกสองเดือน	èek sŏrng deuan
de hele maand (bw)	ทั้งเดือน	tháng deuan
een volle maand (bw)	ตลอดทั้งเดือน	dtà-lòrt tháng deuan
maand-, maandelijks (bn)	รายเดือน	raai deuan
maandelijks (bw)	ทุกเดือน	thúk deuan
elke maand (bw)	ทุกเดือน	thúk deuan
twee keer per maand	เดือนละสองครั้ง	deuan lá sŏrng kráng
jaar (het)	ปี	bpee
dit jaar (bw)	ปีนี้	bpee née
volgend jaar (bw)	ปีหนึ่ง	bpee nâa
vorig jaar (bw)	ปีที่แลว	bpee thêe láew
een jaar geleden (bw)	หนึ่งปีก่อน	nèung bpee gòrn
over een jaar	อีกหนึ่งปี	èek nèung bpee
over twee jaar	อีกสองปี	èek sŏng bpee
het hele jaar	ทั้งปี	tháng bpee
een vol jaar	ตลอดทั้งปี	dtà-lòrt tháng bpee
elk jaar	ทุกปี	thúk bpee
jaar-, jaarlijks (bn)	รายปี	raai bpee
jaarlijks (bw)	ทุกปี	thúk bpee
4 keer per jaar	ปีละสี่ครั้ง	bpee lá sèe khráng
datum (de)	วันที่	wan thêe
datum (de)	วันเดือนปี	wan deuan bpee
kalender (de)	ปฏิทิน	bpà-dtì-thin
een half jaar	ครึ่งปี	khrêung bpee
zes maanden	หกเดือน	hòk deuan

seizoen (bijv. lente, zomer)	ฤดูกาล	réu-doo gaan
eeuw (de)	ศตวรรษ	sà-dtà-wát

22. Meeteenheden

gewicht (het)	น้ำหนัก	nám nàk
lengte (de)	ความยาว	khwaam yaao
breedte (de)	ความกว้าง	khwaam gwâang
hoogte (de)	ความสูง	khwaam sŏong
diepte (de)	ความลึก	khwaam léuk
volume (het)	ปริมาณ	bpà-rí-maan
oppervlakte (de)	บริเวณ	bor-rí-wayn

gram (het)	กรัม	gram
milligram (het)	มิลลิกรัม	min-lí gram
kilogram (het)	กิโลกรัม	gì-loh gram
ton (duizend kilo)	ตัน	dtan
pond (het)	ปอนด์	bporn
ons (het)	ออนซ์	orn

meter (de)	เมตร	máyt
millimeter (de)	มิลลิเมตร	min-lí mâyt
centimeter (de)	เซ็นติเมตร	sen dtì mâyt
kilometer (de)	กิโลเมตร	gì-loh máyt
mijl (de)	ไมล	mai

duim (de)	นิ้ว	níw
voet (de)	ฟุต	fút
yard (de)	หลา	lăa

vierkante meter (de)	ตารางเมตร	dtaa-raang máyt
hectare (de)	เฮกตาร์	hêek dtaa

liter (de)	ลิตร	lít
graad (de)	องศา	ong-săa
volt (de)	โวลต์	wohn
ampère (de)	แอมแปร์	aem-bpae
paardenkracht (de)	แรงม้า	raeng máa

hoeveelheid (de)	จำนวน	jam-nuan
een beetje ...	นิดนอย	nít nói
helft (de)	ครึ่ง	khrêung

dozijn (het)	โหล	lŏh
stuk (het)	สวน	sùan

afmeting (de)	ขนาด	khà-nàat
schaal (bijv. ~ van 1 op 50)	มาตราสวน	mâat-dtraa sùan

minimaal (bn)	น้อยที่สุด	nói thêe sùt
minste (bn)	เล็กที่สุด	lék thêe sùt
medium (bn)	กลาง	glaang
maximaal (bn)	สูงสุด	sŏong sùt
grootste (bn)	ใหญ่ที่สุด	yài têe sùt

23. Containers

glazen pot (de)	ขวดโหล	khùat lŏh
blik (conserven~)	กระป๋อง	grà-bpŏrng
emmer (de)	ถัง	thăng
ton (bijv. regenton)	ถัง	thăng
ronde waterbak (de)	กะทะ	gà-thá
tank (bijv. watertank-70-ltr)	ถังเก็บน้ำ	thăng gèp nám
heupfles (de)	กระติกน้ำ	grà-dtìk nám
jerrycan (de)	ภาชนะ	phaa-chá-ná
tank (bijv. ketelwagen)	ถังบรรจุ	thăng ban-jù
beker (de)	แก้ว	gâew
kopje (het)	ถ้วย	thûay
schoteltje (het)	จานรอง	jaan rorng
glas (het)	แก้ว	gâew
wijnglas (het)	แก้วไวน์	gâew wai
pan (de)	หม้อ	môr
fles (de)	ขวด	khùat
flessenhals (de)	ปาก	bpàak
karaf (de)	คนโท	khon-thoh
kruik (de)	เหยือก	yèuak
vat (het)	ภาชนะ	phaa-chá-ná
pot (de)	หม้อ	môr
vaas (de)	แจกัน	jae-gan
flacon (de)	กระติก	grà-dtìk
flesje (het)	ขวดเล็ก	khùat lék
tube (bijv. ~ tandpasta)	หลอด	lòrt
zak (bijv. ~ aardappelen)	ถุง	thŭng
tasje (het)	ถุง	thŭng
pakje (~ sigaretten, enz.)	ซอง	sorng
doos (de)	กล่อง	glòrng
kist (de)	ลัง	lang
mand (de)	ตะกร้า	dtà-grâa

MENS

Mens. Het lichaam

24. Hoofd

hoofd (het)	หัว	hŭa
gezicht (het)	หน้า	nâa
neus (de)	จมูก	jà-mòok
mond (de)	ปาก	bpàak
oog (het)	ตา	dtaa
ogen (mv.)	ตา	dtaa
pupil (de)	รูม่านตา	roo mâan dtaa
wenkbrauw (de)	คิ้ว	khíw
wimper (de)	ขนตา	khŏn dtaa
ooglid (het)	เปลือกตา	bplèuak dtaa
tong (de)	ลิ้น	lín
tand (de)	ฟัน	fan
lippen (mv.)	ริมฝีปาก	rim fĕe bpàak
jukbeenderen (mv.)	โหนกแก้ม	nòhk gâem
tandvlees (het)	เหงือก	ngèuak
gehemelte (het)	เพดานปาก	phay-daan bpàak
neusgaten (mv.)	รูจมูก	roo jà-mòok
kin (de)	คาง	khaang
kaak (de)	ขากรรไกร	khăa gan-grai
wang (de)	แก้ม	gâem
voorhoofd (het)	หน้าผาก	nâa phàak
slaap (de)	ขมับ	khà-màp
oor (het)	หู	hŏo
achterhoofd (het)	หลังศรีษะ	lăng sĕe-sà
hals (de)	คอ	khor
keel (de)	ลำคอ	lam khor
haren (mv.)	ผม	phŏm
kapsel (het)	ทรงผม	song phŏm
haarsnit (de)	ทรงผม	song phŏm
pruik (de)	ผมปลอม	phŏm bplorm
snor (de)	หนวด	nùat
baard (de)	เครา	krao
dragen (een baard, enz.)	ลองไว้	lorng wái
vlecht (de)	ผมเปีย	phŏm bpia
bakkebaarden (mv.)	จอน	jorn
ros (roodachtig, rossig)	ผมแดง	phŏm daeng
grijs (~ haar)	ผมหงอก	phŏm ngòrk

kaal (bn)	หัวล้าน	hǔa láan
kale plek (de)	หัวลาน	hǔa láan
paardenstaart (de)	ผมทรงหางม้า	phǒm song hǎang máa
pony (de)	ผมม้า	phǒm máa

25. Menselijk lichaam

hand (de)	มือ	meu
arm (de)	แขน	khǎen
vinger (de)	นิ้ว	níw
teen (de)	นิ้วเท้า	níw tháo
duim (de)	นิ้วโป้ง	níw bpôhng
pink (de)	นิ้วก้อย	níw gôi
nagel (de)	เล็บ	lép
vuist (de)	กำปั้น	gam bpân
handpalm (de)	ฝ่ามือ	fàa meu
pols (de)	ข้อมือ	khôr meu
voorarm (de)	แขนช่วงล่าง	khǎen chûang lâang
elleboog (de)	ข้อศอก	khôr sòrk
schouder (de)	ไหล่	lài
been (rechter ~)	ขา	khǎa
voet (de)	เท้า	tháo
knie (de)	หัวเข่า	hǔa khào
kuit (de)	น่อง	nôrng
heup (de)	สะโพก	sà-phôhk
hiel (de)	ส้นเท้า	sôn tháo
lichaam (het)	ร่างกาย	râang gaai
buik (de)	ท้อง	thórng
borst (de)	อก	òk
borst (de)	หน้าอก	nâa òk
zijde (de)	ข้าง	khâang
rug (de)	หลัง	lǎng
lage rug (de)	หลังส่วนล่าง	lǎng sùan lâang
taille (de)	เอว	eo
navel (de)	สะดือ	sà-deu
billen (mv.)	ก้น	gôn
achterwerk (het)	ก้น	gôn
huidvlek (de)	ไฝเสน่ห์	fǎi sà-này
moedervlek (de)	ปาน	bpaan
tatoeage (de)	รอยสัก	roi sàk
litteken (het)	แผลเป็น	phlǎe bpen

Kleding en accessoires

26. Bovenkleding. Jassen

kleren (mv.)	เสื้อผ้า	sêua phâa
bovenkleding (de)	เสื้อนอก	sêua nôk
winterkleding (de)	เสื้อกันหนาว	sêua gan năao
jas (de)	เสื้อโค้ท	sêua khóht
bontjas (de)	เสื้อโค้ทขนสัตว์	sêua khóht khŏn sàt
bontjasje (het)	แจคเก็ตขนสัตว์	jáek-gèt khŏn sàt
donzen jas (de)	แจ็คเก็ตกันหนาว	jàek-gèt gan năao
jasje (bijv. een leren ~)	แจ็คเก็ต	jáek-gèt
regenjas (de)	เสื้อกันฝน	sêua gan fŏn
waterdicht (bn)	ซึ่งกันน้ำได้	sêung gan náam dâai

27. Heren & dames kleding

overhemd (het)	เสื้อ	sêua
broek (de)	กางเกง	gaang-gayng
jeans (de)	กางเกงยีนส์	gaang-gayng yeen
colbert (de)	แจ็คเก็ตสูท	jàek-gèt sòot
kostuum (het)	ชุดสูท	chút sòot
jurk (de)	ชุดเดรส	chút draet
rok (de)	กระโปรง	grà bprohng
blouse (de)	เสื้อ	sêua
wollen vest (de)	แจคเก็ตถัก	jáek-gèt thàk
blazer (kort jasje)	แจคเก็ต	jáek-gèt
T-shirt (het)	เสื้อยืด	sêua yêut
shorts (mv.)	กางเกงขาสั้น	gaang-gayng khăa sân
trainingspak (het)	ชุดวอรม	chút wom
badjas (de)	เสื้อคลุมอาบน้ำ	sêua khlum àap náam
pyjama (de)	ชุดนอน	chút norn
sweater (de)	เสื้อไหมพรม	sêua măi phrom
pullover (de)	เสื้อกันหนาวแบบสวม	sêua gan năao bàep sŭam
gilet (het)	เสื้อกั๊ก	sêua gák
rokkostuum (het)	เสื้อเทลโค้ต	sêua thayn-khóht
smoking (de)	ชุดทักซิโด	chút thák sí dôh
uniform (het)	เครื่องแบบ	khrêuang bàep
werkkleding (de)	ชุดทำงาน	chút tam ngaan
overall (de)	ชุดเอี๊ยม	chút íam
doktersjas (de)	เสื้อคลุม	sêua khlum

28. Kleding. Ondergoed

ondergoed (het)	ชุดชั้นใน	chút chán nai
herenslip (de)	กางเกงในชาย	gaang-gayng nai chaai
slipjes (mv.)	กางเกงในสตรี	gaang-gayng nai sàt-dtree
onderhemd (het)	เสื้อชั้นใน	sêua chán nai
sokken (mv.)	ถุงเท้า	thŭng tháo
nachthemd (het)	ชุดนอนสตรี	chút norn sàt-dtree
beha (de)	ยกทรง	yók song
kniekousen (mv.)	ถุงเท้ายาว	thŭng tháo yaao
panty (de)	ถุงน่องเต็มตัว	thŭng nôrng dtem dtua
nylonkousen (mv.)	ถุงน่อง	thŭng nôrng
badpak (het)	ชุดว่ายน้ำ	chút wâai náam

29. Hoofddeksels

hoed (de)	หมวก	mùak
deukhoed (de)	หมวก	mùak
honkbalpet (de)	หมวกเบสบอล	mùak bàyt-bon
kleppet (de)	หมวกติงลี่	mùak dting lêe
baret (de)	หมวกเบเร่ต์	mùak bay-rây
kap (de)	ฮูด	hóot
panamahoed (de)	หมวกปานามา	mùak bpaa-naa-maa
gebreide muts (de)	หมวกไหมพรม	mùak măi phrom
hoofddoek (de)	ผ้าโพกศีรษะ	phâa phôhk sĕe-sà
dameshoed (de)	หมวกสตรี	mùak sàt-dtree
veiligheidshelm (de)	หมวกนิรภัย	mùak ní-rá-phai
veldmuts (de)	หมวกหนีบ	mùak nèep
helm, valhelm (de)	หมวกกันน็อค	mùak ní-rá-phai
bolhoed (de)	หมวกกลมทรงสูง	mùak glom song sŏong
hoge hoed (de)	หมวกทรงสูง	mùak song sŏong

30. Schoeisel

schoeisel (het)	รองเท้า	rorng tháo
schoenen (mv.)	รองเท้า	rorng tháo
vrouwenschoenen (mv.)	รองเท้า	rorng tháo
laarzen (mv.)	รองเท้าบูท	rorng tháo bòot
pantoffels (mv.)	รองเท้าแตะในบ้าน	rorng tháo dtàe nai bâan
sportschoenen (mv.)	รองเท้ากีฬา	rorng tháo gee-laa
sneakers (mv.)	รองเท้าผ้าใบ	rorng tháo phâa bai
sandalen (mv.)	รองเท้าแตะ	rorng tháo dtàe
schoenlapper (de)	คนซ่อมรองเท้า	khon sôrm rorng tháo
hiel (de)	ส้นรองเท้า	sôn rorng tháo

paar (een ~ schoenen)	คู่	khôo
veter (de)	เชือกรองเท้า	chêuak rorng tháo
rijgen (schoenen ~)	ผูกเชือกรองเท้า	phòok chêuak rorng tháo
schoenlepel (de)	ที่ชอนรองเท้า	thêe chón rorng tháo
schoensmeer (de/het)	ยาขัดรองเท้า	yaa khàt rorng tháo

31. Persoonlijke accessoires

handschoenen (mv.)	ถุงมือ	thŭng meu
wanten (mv.)	ถุงมือ	thŭng meu
sjaal (fleece ~)	ผ้าพันคอ	phâa phan khor
bril (de)	แว่นตา	wâen dtaa
brilmontuur (het)	กรอบแว่น	gròrp wâen
paraplu (de)	ร่ม	rôm
wandelstok (de)	ไม้เท้า	máai tháo
haarborstel (de)	แปรงหวีผม	bpraeng wĕe phŏm
waaier (de)	พัด	phát
das (de)	เนคไท	nâyk-thai
strikje (het)	โบว์หูกระต่าย	boh hŏo grà-dtàai
bretels (mv.)	สายเอี้ยม	săai íam
zakdoek (de)	ผ้าเช็ดหน้า	phâa chét-nâa
kam (de)	หวี	wĕe
haarspeldje (het)	ที่หนีบผม	têe nèep phŏm
schuifspeldje (het)	กิ๊บ	gíp
gesp (de)	หัวเข็มขัด	hŭa khĕm khàt
broekriem (de)	เข็มขัด	khĕm khàt
draagriem (de)	สายกระเป๋า	săai grà-bpăo
handtas (de)	กระเป๋า	grà-bpăo
damestas (de)	กระเป๋าถือ	grà-bpăo thĕu
rugzak (de)	กระเป๋าสะพายหลัง	grà-bpăo sà-phaai lăng

32. Kleding. Diversen

mode (de)	แฟชั่น	fae-chân
de mode (bn)	คานิยม	khâa ní-yom
kledingstilist (de)	นักออกแบบแฟชั่น	nák òrk bàep fae-chân
kraag (de)	คอปกเสื้อ	khor bpòk sêua
zak (de)	กระเป๋า	grà-bpăo
zak- (abn)	กระเป๋า	grà-bpăo
mouw (de)	แขนเสื้อ	khăen sêua
lusje (het)	ที่แขวนเสื้อ	thêe khwăen sêua
gulp (de)	ซิปกางเกง	síp gaang-gayng
rits (de)	ซิป	síp
sluiting (de)	ซิป	síp
knoop (de)	กระดุม	grà dum

knoopsgat (het)	รูกระดุม	roo grà dum
losraken (bijv. knopen)	หลุดออก	lùt òrk

naaien (kleren, enz.)	เย็บ	yép
borduren (ww)	ปัก	bpàk
borduursel (het)	ลายปัก	laai bpàk
naald (de)	เข็มเย็บผ้า	khěm yép phâa
draad (de)	เส้นด้าย	sây-dâai
naad (de)	รอยเย็บ	roi yép

vies worden (ww)	สกปรก	sòk-gà-bpròk
vlek (de)	รอยเปื้อน	roi bpêuan
gekreukt raken (ov. kleren)	พับเป็นรอยย่น	pháp bpen roi yôn
scheuren (ov.ww.)	ฉีก	chèek
mot (de)	แมลงกินผ้า	má-laeng gin phâa

33. Persoonlijke verzorging. Schoonheidsmiddelen

tandpasta (de)	ยาสีฟัน	yaa sěe fan
tandenborstel (de)	แปรงสีฟัน	bpraeng sěe fan
tanden poetsen (ww)	แปรงฟัน	bpraeng fan

scheermes (het)	มีดโกน	mêet gohn
scheerschuim (het)	ครีมโกนหนวด	khreem gohn nùat
zich scheren (ww)	โกน	gohn

zeep (de)	สบู่	sà-bòo
shampoo (de)	แชมพู	chaem-phoo

schaar (de)	กรรไกร	gan-grai
nagelvijl (de)	ตะไบเล็บ	dtà-bai lép
nagelknipper (de)	กรรไกรตัดเล็บ	gan-grai dtàt lép
pincet (het)	แหนบ	nàep

cosmetica (mv.)	เครื่องสำอาง	khrêuang sǎm-aang
masker (het)	มาสก์หน้า	mâak nâa
manicure (de)	การแต่งเล็บ	gaan dtàeng lép
manicure doen	แต่งเล็บ	dtàeng lép
pedicure (de)	การแต่งเล็บเท้า	gaan dtàeng lép táo

cosmetica tasje (het)	กระเป๋าเครื่องสำอาง	grà-bpǎo khrêuang sǎm-aang
poeder (de/het)	แป้งฝุ่น	bpâeng-fùn
poederdoos (de)	ตลับแป้ง	dtà-làp bpâeng
rouge (de)	แป้งทาแก้ม	bpâeng thaa gâem

parfum (de/het)	น้ำหอม	nám hǒrm
eau de toilet (de)	น้ำหอมอ่อนๆ	náam hǒrm òn òn
lotion (de)	โลชั่น	loh-chân
eau de cologne (de)	โคโลญจ์	khoh-lohn

oogschaduw (de)	อายแชโดว์	aai-chae-doh
oogpotlood (het)	อายไลเนอร์	aai lai-ner
mascara (de)	มาสคารา	mâat-khaa-râa
lippenstift (de)	ลิปสติก	líp-sà-dtìk

nagellak (de)	น้ำยาทาเล็บ	nám yaa-thaa lép
haarlak (de)	สเปรย์ฉีดผม	sà-bpray chèet phǒm
deodorant (de)	ยาดับกลิ่น	yaa dàp glìn
crème (de)	ครีม	khreem
gezichtscrème (de)	ครีมทาหน้า	khreem thaa nâa
handcrème (de)	ครีมทามือ	khreem thaa meu
antirimpelcrème (de)	ครีมลดริ้วรอย	khreem lót ríw roi
dagcrème (de)	ครีมกลางวัน	khreem klaang wan
nachtcrème (de)	ครีมกลางคืน	khreem klaang kheun
dag- (abn)	กลางวัน	glaang wan
nacht- (abn)	กลางคืน	glaang kheun
tampon (de)	ผ้าอนามัยแบบสอด	phâa a-naa-mai bàep sòrt
toiletpapier (het)	กระดาษชำระ	grà-dàat cham-rá
föhn (de)	เครื่องเป่าผม	khrêuang bpào phǒm

34. Horloges. Klokken

polshorloge (het)	นาฬิกา	naa-lí-gaa
wijzerplaat (de)	หน้าปัด	nâa bpàt
wijzer (de)	เข็ม	khěm
metalen horlogeband (de)	สายนาฬิกาข้อมือ	sǎai naa-lí-gaa khôr meu
horlogebandje (het)	สายรัดขอมือ	sǎai rát khôr meu
batterij (de)	แบตเตอรี่	bàet-dter-rêe
leeg zijn (ww)	หมด	mòt
batterij vervangen	เปลี่ยนแบตเตอรี่	bplìan bàet-dter-rêe
voorlopen (ww)	เดินเร็วเกินไป	dern reo gern bpai
achterlopen (ww)	เดินช้า	dern cháa
wandklok (de)	นาฬิกาแขวนผนัง	naa-lí-gaa khwǎen phà-nǎng
zandloper (de)	นาฬิกาทราย	naa-lí-gaa saai
zonnewijzer (de)	นาฬิกาแดด	naa-lí-gaa dàet
wekker (de)	นาฬิกาปลุก	naa-lí-gaa bplùk
horlogemaker (de)	ช่างซ่อมนาฬิกา	châang sôrm naa-lí-gaa
repareren (ww)	ซ่อม	sôrm

Voedsel. Voeding

35. Voedsel

vlees (het)	เนื้อ	néua
kip (de)	ไก่	gài
kuiken (het)	เนื้อลูกไก่	néua lôok gài
eend (de)	เป็ด	bpèt
gans (de)	ห่าน	hàan
wild (het)	สัตว์ที่ล่า	sàt thêe lâa
kalkoen (de)	ไก่งวง	gài nguang
varkensvlees (het)	เนื้อหมู	néua mŏo
kalfsvlees (het)	เนื้อลูกวัว	néua lôok wua
schapenvlees (het)	เนื้อแกะ	néua gàe
rundvlees (het)	เนื้อวัว	néua wua
konijnenvlees (het)	เนื้อกระต่าย	néua grà-dtàai
worst (de)	ไส้กรอก	sâi gròrk
saucijs (de)	ไส้กรอกเวียนนา	sâi gròrk wian-naa
spek (het)	หมูเบคอน	mŏo bay-khorn
ham (de)	แฮม	haem
gerookte achterham (de)	แฮมแกมมอน	haem gaem-morn
paté (de)	ปาเต	bpaa dtay
lever (de)	ตับ	dtàp
gehakt (het)	เนื้อสับ	néua sàp
tong (de)	ลิ้น	lín
ei (het)	ไข่	khài
eieren (mv.)	ไข่	khài
eiwit (het)	ไข่ขาว	khài khăao
eigeel (het)	ไข่แดง	khài daeng
vis (de)	ปลา	bplaa
zeevruchten (mv.)	อาหารทะเล	aa hăan thá-lay
schaaldieren (mv.)	สัตว์พวกกุ้งกั้งปู	sàt phûak gûng gâng bpoo
kaviaar (de)	ไขปลา	khài-bplaa
krab (de)	ปู	bpoo
garnaal (de)	กุ้ง	gûng
oester (de)	หอยนางรม	hŏi naang rom
langoest (de)	กุ้งมังกร	gûng mang-gon
octopus (de)	ปลาหมึก	bplaa mèuk
inktvis (de)	ปลาหมึกกล้วย	bplaa mèuk-glûay
steur (de)	ปลาสเตอร์เจียน	bpláa sà-dtêr jian
zalm (de)	ปลาแซลมอน	bplaa saen-morn
heilbot (de)	ปลาตาเดียว	bplaa dtaa-dieow
kabeljauw (de)	ปลาค็อด	bplaa khót

makreel (de)	ปลาแม็คเคอเร็ล	bplaa máek-kay-a-rĕn
tonijn (de)	ปลาทูน่า	bplaa thoo-nâa
paling (de)	ปลาไหล	bplaa lăi

forel (de)	ปลาเทราท์	bplaa thrau
sardine (de)	ปลาซาร์ดีน	bplaa saa-deen
snoek (de)	ปลาไพค์	bplaa phai
haring (de)	ปลาเฮอร์ริง	bplaa her-ring

brood (het)	ขนมปัง	khà-nŏm bpang
kaas (de)	เนยแข็ง	noie khăeng
suiker (de)	น้ำตาล	nám dtaan
zout (het)	เกลือ	gleua

rijst (de)	ข้าว	khâao
pasta (de)	พาสต้า	phâat-dtâa
noedels (mv.)	กวยเตี๋ยว	gŭay-dtĭeow

boter (de)	เนย	noie
plantaardige olie (de)	น้ำมันพืช	nám man phêut
zonnebloemolie (de)	น้ำมันดอกทานตะวัน	nám man dòrk thaan dtà-wan
margarine (de)	เนยเทียม	noie thiam

olijven (mv.)	มะกอก	má-gòrk
olijfolie (de)	น้ำมันมะกอก	nám man má-gòrk

melk (de)	นม	nom
gecondenseerde melk (de)	นมข้น	nom khôn
yoghurt (de)	โยเกิร์ต	yoh-gèrt
zure room (de)	ซาวร์ครีม	saao khreem
room (de)	ครีม	khreem

mayonaise (de)	มายองเนส	maa-yorng-nâyt
crème (de)	ส่วนผสมของเนยและน้ำตาล	sùan phà-sŏm khŏrng noie láe nám dtaan

graan (het)	เมล็ดธัญพืช	má-lét than-yá-phêut
meel (het), bloem (de)	แป้ง	bpâeng
conserven (mv.)	อาหารกระป๋อง	aa-hăan grà-bpŏrng

maïsvlokken (mv.)	คอร์นเฟลค	khorn-flâyk
honing (de)	น้ำผึ้ง	nám phêung
jam (de)	แยม	yaem
kauwgom (de)	หมากฝรั่ง	màak fà-ràng

36. Drankjes

water (het)	น้ำ	nám
drinkwater (het)	น้ำดื่ม	nám dèum
mineraalwater (het)	น้ำแร่	nám râe

zonder gas	ไม่มีฟอง	mâi mee forng
koolzuurhoudend (bn)	น้ำอัดลม	nám àt lom
bruisend (bn)	มีฟอง	mee forng

ijs (het)	น้ำแข็ง	nám kăeng
met ijs	ใส่น้ำแข็ง	sài nám kăeng
alcohol vrij (bn)	ไม่มีแอลกอฮอล์	mâi mee aen-gor-hor
alcohol vrije drank (de)	เครื่องดื่มที่ไม่มีแอลกอฮอล	krêuang dèum têe mâi mee aen-gor-hor
frisdrank (de)	เครื่องดื่มให้ความสดชื่น	khrêuang dèum hâi khwaam sòt chêun
limonade (de)	น้ำเลมอนเนด	nám lay-morn-nâyt
alcoholische dranken (mv.)	เหล้า	lăo
wijn (de)	ไวน์	wai
witte wijn (de)	ไวน์ขาว	wai kăao
rode wijn (de)	ไวน์แดง	wai daeng
likeur (de)	สุรา	sù-raa
champagne (de)	แชมเปญ	chaem-bpayn
vermout (de)	เหลาองุ่นขาวซึ่งมีกลิ่นหอม	lâo a-ngùn kăao sêung mee glìn hŏrm
whisky (de)	เหล้าวิสกี้	lăo wít-sa-gêe
wodka (de)	เหล้าวอดก้า	lăo wórt-gâa
gin (de)	เหล้ายิน	lăo yin
cognac (de)	เหล้าคอนยัก	lăo khorn yák
rum (de)	เหล้ารัม	lăo ram
koffie (de)	กาแฟ	gaa-fae
zwarte koffie (de)	กาแฟดำ	gaa-fae dam
koffie (de) met melk	กาแฟใส่นม	gaa-fae sài nom
cappuccino (de)	กาแฟคาปูชิโน	gaa-fae khaa bpoo chí noh
oploskoffie (de)	กาแฟสำเร็จรูป	gaa-fae săm-rèt rôop
melk (de)	นม	nom
cocktail (de)	ค็อกเทล	khók-tayn
milkshake (de)	มิลคเชค	min-châyk
sap (het)	น้ำผลไม้	nám phŏn-lá-máai
tomatensap (het)	น้ำมะเขือเทศ	nám má-khĕua thâyt
sinaasappelsap (het)	น้ำส้ม	nám sôm
vers geperst sap (het)	น้ำผลไม้คั้นสด	nám phŏn-lá-máai khán sòt
bier (het)	เบียร์	bia
licht bier (het)	เบียร์ไลท์	bia lai
donker bier (het)	เบียร์ดารค	bia dàak
thee (de)	ชา	chaa
zwarte thee (de)	ชาดำ	chaa dam
groene thee (de)	ชาเขียว	chaa khĭeow

37. Groenten

groenten (mv.)	ผัก	phàk
verse kruiden (mv.)	ผักใบเขียว	phàk bai khĭeow
tomaat (de)	มะเขือเทศ	má-khĕua thâyt

augurk (de)	แตงกวา	dtaeng-gwaa
wortel (de)	แครอท	khae-rót
aardappel (de)	มันฝรั่ง	man fà-ràng
ui (de)	หัวหอม	hǔa hǒrm
knoflook (de)	กระเทียม	grà-thiam
kool (de)	กะหล่ำปลี	gà-làm bplee
bloemkool (de)	ดอกกะหล่ำ	dòrk gà-làm
spruitkool (de)	กะหล่ำดาว	gà-làm-daao
broccoli (de)	บร็อคโคลี่	bròrk-khoh-lêe
rode biet (de)	บีทรูท	bee-trôot
aubergine (de)	มะเขือยาว	má-khěua-yaao
courgette (de)	แตงซูคินี	dtaeng soo-khí-nee
pompoen (de)	ฟักทอง	fák-thorng
raap (de)	หัวผักกาด	hǔa-phàk-gàat
peterselie (de)	ผักชีฝรั่ง	phàk chee fà-ràng
dille (de)	ผักชีลาว	phàk-chee-laao
sla (de)	ผักกาดหอม	phàk gàat hǒrm
selderij (de)	คื่นช่าย	khêun-châai
asperge (de)	หน่อไม้ฝรั่ง	nòr máai fà-ràng
spinazie (de)	ผักขม	phàk khǒm
erwt (de)	ถั่วลันเตา	thùa-lan-dtao
bonen (mv.)	ถั่ว	thùa
maïs (de)	ข้าวโพด	khâao-phôht
nierboon (de)	ถั่วรูปไต	thùa rôop dtai
peper (de)	พริกหยวก	phrík-yùak
radijs (de)	หัวไชเท้า	hǔa chai tháo
artisjok (de)	อาร์ติโชค	aa dtì chôhk

38. Vruchten. Noten

vrucht (de)	ผลไม้	phǒn-lá-máai
appel (de)	แอปเปิ้ล	àep-bpêrn
peer (de)	แพร	phae
citroen (de)	มะนาว	má-naao
sinaasappel (de)	ส้ม	sôm
aardbei (de)	สตรอว์เบอร์รี่	sà-dtror-ber-rêe
mandarijn (de)	ส้มแมนดาริน	sôm maen daa rin
pruim (de)	พลัม	phlam
perzik (de)	ลูกท้อ	lôok thór
abrikoos (de)	แอปริคอท	ae-bprì-khôrt
framboos (de)	ราสเบอร์รี่	râat-ber-rêe
ananas (de)	สับปะรด	sàp-bpà-rót
banaan (de)	กล้วย	glûay
watermeloen (de)	แตงโม	dtaeng moh
druif (de)	องุ่น	a-ngùn
zure kers (de)	เชอร์รี่	cher-rêe
zoete kers (de)	เชอร์รี่ป่า	cher-rêe bpàa

meloen (de)	เมลอน	may-lorn
grapefruit (de)	ส้มโอ	sôm oh
avocado (de)	อะโวคาโด	a-who-khaa-doh
papaja (de)	มะละกอ	má-lá-gor
mango (de)	มะม่วง	má-mûang
granaatappel (de)	ทับทิม	tháp-thim
rode bes (de)	เรดเคอร์แรนท์	râyt-khêr-raen
zwarte bes (de)	แบล็คเคอร์แรนท์	blàek khêr-raen
kruisbes (de)	กูสเบอร์รี่	gòot-ber-rêe
blauwe bosbes (de)	บิลเบอร์รี่	bil-ber-rêe
braambes (de)	แบล็คเบอร์รี่	blàek ber-rêe
rozijn (de)	ลูกเกด	lôok gàyt
vijg (de)	มะเดื่อฝรั่ง	má dèua fà-ràng
dadel (de)	ลูกอินทผลัม	lôok in-thá-plăm
pinda (de)	ถั่วลิสง	thùa-lí-sŏng
amandel (de)	อัลมอนด์	an-morn
walnoot (de)	วอลนัต	wor-lá-nát
hazelnoot (de)	เฮเซลนัท	hay sayn nát
kokosnoot (de)	มะพร้าว	má-phráao
pistaches (mv.)	ถั่วพิสตาชิโอ	thùa phít dtaa chí oh

39. Brood. Snoep

suikerbakkerij (de)	ขนม	khà-nŏm
brood (het)	ขนมปัง	khà-nŏm bpang
koekje (het)	คุกกี้	khúk-gêe
chocolade (de)	ช็อกโกแลต	chók-goh-láet
chocolade- (abn)	ช็อกโกแลต	chók-goh-láet
snoepje (het)	ลูกกวาด	lôok gwàat
cakeje (het)	ขนมเค้ก	khà-nŏm kháyk
taart (bijv. verjaardags~)	ขนมเค้ก	khà-nŏm kháyk
pastei (de)	ขนมพาย	khà-nŏm phaai
vulling (de)	ไส้ในขนม	sâi nai khà-nŏm
confituur (de)	แยม	yaem
marmelade (de)	แยมผิวส้ม	yaem phĭw sôm
wafel (de)	วาฟเฟิล	waaf-fern
ijsje (het)	ไอศกรีม	ai-sà-greem
pudding (de)	พุดดิ้ง	phút-dîng

40. Bereide gerechten

gerecht (het)	มื้ออาหาร	méu aa-hăan
keuken (bijv. Franse ~)	อาหาร	aa-hăan
recept (het)	ตำราอาหาร	dtam-raa aa-hăan
portie (de)	ส่วน	sùan
salade (de)	สลัด	sà-làt

soep (de)	ซุป	súp
bouillon (de)	ซุปน้ำใส	súp nám-săi
boterham (de)	แซนด์วิช	saen-wít
spiegelei (het)	ไข่ทอด	khài thôrt

hamburger (de)	แฮมเบอร์เกอร์	haem-ber-gêr
biefstuk (de)	สเต็กเนื้อ	sà-dtèk néua

garnering (de)	เครื่องเคียง	khrêuang khiang
spaghetti (de)	สปาเก็ตตี้	sà-bpaa-gèt-dtêe
aardappelpuree (de)	มันฝรั่งบด	man fà-ràng bòt
pizza (de)	พิซซา	phít-sâa
pap (de)	ข้าวต้ม	khâao-dtôm
omelet (de)	ไข่เจียว	khài jieow

gekookt (in water)	ต้ม	dtôm
gerookt (bn)	รมควัน	rom khwan
gebakken (bn)	ทอด	thôrt
gedroogd (bn)	ตากแห้ง	dtàak hâeng
diepvries (bn)	แช่แข็ง	châe khăeng
gemarineerd (bn)	ดอง	dorng

zoet (bn)	หวาน	wăan
gezouten (bn)	เค็ม	khem
koud (bn)	เย็น	yen
heet (bn)	ร้อน	rórn
bitter (bn)	ขม	khŏm
lekker (bn)	อร่อย	à-ròi

koken (in kokend water)	ต้ม	dtôm
bereiden (avondmaaltijd ~)	ทำอาหาร	tham aa-hăan
bakken (ww)	ทอด	thôrt
opwarmen (ww)	อุ่น	ùn

zouten (ww)	ใส่เกลือ	sài gleua
peperen (ww)	ใส่พริกไทย	sài phrík thai
raspen (ww)	ขูด	khòot
schil (de)	เปลือก	bplèuak
schillen (ww)	ปอกเปลือก	bpòrk bplêuak

41. Kruiden

zout (het)	เกลือ	gleua
gezouten (bn)	เค็ม	khem
zouten (ww)	ใส่เกลือ	sài gleua

zwarte peper (de)	พริกไทย	phrík thai
rode peper (de)	พริกแดง	phrík daeng
mosterd (de)	มัสตาร์ด	mát-dtàat
mierikswortel (de)	ฮอสแรดิช	hórt rae dìt

condiment (het)	เครื่องปรุงรส	khrêuang bprung rót
specerij, kruiderij (de)	เครื่องเทศ	khrêuang thâyt
saus (de)	ซอส	sós

azijn (de)	น้ำส้มสายชู	nám sôm săai choo
anijs (de)	เทียนสัตตบุษย์	thian-sàt-dtà-bùt
basilicum (de)	ใบโหระพา	bai hŏh rá phaa
kruidnagel (de)	กานพลู	gaan-phloo
gember (de)	ขิง	khĭng
koriander (de)	ผักชีลา	pàk-chee-laa
kaneel (de/het)	อบเชย	òp-choie
sesamzaad (het)	งา	ngaa
laurierblad (het)	ใบกระวาน	bai grà-waan
paprika (de)	พริกป่น	phrík bpòn
komijn (de)	เทียนตากบ	thian dtaa gòp
saffraan (de)	หญ้าฝรั่น	yâa fà-ràn

42. Maaltijden

eten (het)	อาหาร	aa-hăan
eten (ww)	กิน	gin
ontbijt (het)	อาหารเช้า	aa-hăan cháo
ontbijten (ww)	ทานอาหารเช้า	thaan aa-hăan cháo
lunch (de)	ข้าวเที่ยง	khâao thîang
lunchen (ww)	ทานอาหารเที่ยง	thaan aa-hăan thîang
avondeten (het)	อาหารเย็น	aa-hăan yen
souperen (ww)	ทานอาหารเย็น	thaan aa-hăan yen
eetlust (de)	ความอยากอาหาร	kwaam yàak aa hăan
Eet smakelijk!	กินให้อร่อย!	gin hâi a-ròi
openen (een fles ~)	เปิด	bpèrt
morsen (koffie, enz.)	ทำหก	tham hòk
zijn gemorst	ทำหกออกมา	tham hòk òrk maa
koken (water kookt bij 100°C)	ต้ม	dtôm
koken (Hoe om water te ~)	ต้ม	dtôm
gekookt (~ water)	ต้ม	dtôm
afkoelen (koeler maken)	แช่เย็น	châe yen
afkoelen (koeler worden)	แช่เย็น	châe yen
smaak (de)	รสชาติ	rót châat
nasmaak (de)	รส	rót
volgen een dieet	ลดน้ำหนัก	lót nám nàk
dieet (het)	อาหารพิเศษ	aa-hăan phí-sàyt
vitamine (de)	วิตามิน	wí-dtaa-min
calorie (de)	แคลอรี่	khae-lor-rêe
vegetariër (de)	คนกินเจ	khon gin jay
vegetarisch (bn)	มังสวิรัติ	mang-sà-wí-rát
vetten (mv.)	ไขมัน	khăi man
eiwitten (mv.)	โปรตีน	bproh-dteen
koolhydraten (mv.)	คาร์โบไฮเดรต	kaa-boh-hai-dràyt
snede (de)	แผ่น	phàen
stuk (bijv. een ~ taart)	ชิ้น	chín
kruimel (de)	เศษ	sàyt

43. Tafelschikking

lepel (de)	ช้อน	chórn
mes (het)	มีด	mêet
vork (de)	ส้อม	sôrm
kopje (het)	แก้ว	gâew
bord (het)	จาน	jaan
schoteltje (het)	จานรอง	jaan rorng
servet (het)	ผ้าเช็ดปาก	phâa chét bpàak
tandenstoker (de)	ไม้จิ้มฟัน	máai jîm fan

44. Restaurant

restaurant (het)	ร้านอาหาร	ráan aa-hăan
koffiehuis (het)	ร้านกาแฟ	ráan gaa-fae
bar (de)	ร้านเหล้า	ráan lâo
tearoom (de)	ร้านน้ำชา	ráan nám chaa
kelner, ober (de)	คนเสิร์ฟชาย	khon sèrf chaai
serveerster (de)	คนเสิร์ฟหญิง	khon sèrf yĭng
barman (de)	บาร์เทนเดอร์	baa-thayn-dêr
menu (het)	เมนู	may-noo
wijnkaart (de)	รายการไวน์	raai gaan wai
een tafel reserveren	จองโต๊ะ	jorng dtó
gerecht (het)	มื้ออาหาร	méu aa-hăan
bestellen (eten ~)	สั่ง	sàng
een bestelling maken	สั่งอาหาร	sàng aa-hăan
aperitief (de/het)	เครื่องดื่มเหล้าก่อนอาหาร	khrêuang dèum lâo gòrn aa-hăan
voorgerecht (het)	ของกินเล่น	khŏrng gin lâyn
dessert (het)	ของหวาน	khŏrng wăan
rekening (de)	คิดเงิน	khít ngern
de rekening betalen	จ่ายค่าอาหาร	jàai khâa aa hăan
wisselgeld teruggeven	ให้เงินทอน	hâi ngern thorn
fooi (de)	เงินทิป	ngern thíp

Familie, verwanten en vrienden

45. Persoonlijke informatie. Formulieren

naam (de)	ชื่อ	chêu
achternaam (de)	นามสกุล	naam sà-gun
geboortedatum (de)	วันเกิด	wan gèrt
geboorteplaats (de)	สถานที่เกิด	sà-thăan thêe gèrt

nationaliteit (de)	สัญชาติ	săn-châat
woonplaats (de)	ที่อยู่อาศัย	thêe yòo aa-săi
land (het)	ประเทศ	bprà-thâyt
beroep (het)	อาชีพ	aa-chêep

geslacht (ov. het vrouwelijk ~)	เพศ	phâyt
lengte (de)	ความสูง	khwaam sŏong
gewicht (het)	น้ำหนัก	nám nàk

46. Familieleden. Verwanten

moeder (de)	มารดา	maan-daa
vader (de)	บิดา	bì-daa
zoon (de)	ลูกชาย	lôok chaai
dochter (de)	ลูกสาว	lôok săao

jongste dochter (de)	ลูกสาวคนเล็ก	lôok săao khon lék
jongste zoon (de)	ลูกชายคนเล็ก	lôok chaai khon lék
oudste dochter (de)	ลูกสาวคนโต	lôok săao khon dtoh
oudste zoon (de)	ลูกชายคนโต	lôok chaai khon dtoh

oudere broer (de)	พี่ชาย	phêe chaai
jongere broer (de)	น้องชาย	nórng chaai
oudere zuster (de)	พี่สาว	phêe săao
jongere zuster (de)	น้องสาว	nórng săao

| neef (zoon van oom, tante) | ลูกพี่ลูกน้อง | lôok phêe lôok nórng |
| nicht (dochter van oom, tante) | ลูกพี่ลูกน้อง | lôok phêe lôok nórng |

mama (de)	แม่	mâe
papa (de)	พ่อ	phôr
ouders (mv.)	พ่อแม่	phôr mâe
kind (het)	เด็ก, ลูก	dèk, lôok
kinderen (mv.)	เด็กๆ	dèk dèk

| oma (de) | ย่า, ยาย | yâa, yaai |
| opa (de) | ปู่, ตา | bpòo, dtaa |

kleinzoon (de)	หลานชาย	lăan chaai
kleindochter (de)	หลานสาว	lăan săao
kleinkinderen (mv.)	หลานๆ	lăan
oom (de)	ลุง	lung
tante (de)	ป้า	bpâa
neef (zoon van broer, zus)	หลานชาย	lăan chaai
nicht (dochter van broer, zus)	หลานสาว	lăan săao
schoonmoeder (de)	แม่ยาย	mâe yaai
schoonvader (de)	พ่อสามี	phôr săa-mee
schoonzoon (de)	ลูกเขย	lôok khŏie
stiefmoeder (de)	แม่เลี้ยง	mâe líang
stiefvader (de)	พ่อเลี้ยง	phôr líang
zuigeling (de)	ทารก	thaa-rók
wiegenkind (het)	เด็กเล็ก	dèk lék
kleuter (de)	เด็ก	dèk
vrouw (de)	ภรรยา	phan-rá-yaa
man (de)	สามี	săa-mee
echtgenoot (de)	สามี	săa-mee
echtgenote (de)	ภรรยา	phan-rá-yaa
gehuwd (mann.)	แต่งงานแล้ว	dtàeng ngaan láew
gehuwd (vrouw.)	แต่งงานแล้ว	dtàeng ngaan láew
ongehuwd (mann.)	เป็นโสด	bpen sòht
vrijgezel (de)	ชายโสด	chaai sòht
gescheiden (bn)	หย่าแล้ว	yàa láew
weduwe (de)	แม่หม้าย	mâe mâai
weduwnaar (de)	พ่อหม้าย	phôr mâai
familielid (het)	ญาติ	yâat
dichte familielid (het)	ญาติใกล้ชิด	yâat glâi chít
verre familielid (het)	ญาติห่างๆ	yâat hàang hàang
familieleden (mv.)	ญาติๆ	yâat
wees (weesjongen)	เด็กชายกำพร้า	dèk chaai gam phráa
wees (weesmeisje)	เด็กหญิงกำพร้า	dèk yĭng gam phráa
voogd (de)	ผู้ปกครอง	phôo bpòk khrorng
adopteren (een jongen te ~)	บุญธรรม	bun tham
adopteren (een meisje te ~)	บุญธรรม	bun tham

Geneeskunde

47. Ziekten

ziekte (de)	โรค	rôhk
ziek zijn (ww)	ป่วย	bpùay
gezondheid (de)	สุขภาพ	sùk-khà-phâap
snotneus (de)	น้ำมูกไหล	nám môok lǎi
angina (de)	ตอมทอนซิลอักเสบ	dtòm thorn-sin àk-sàyp
verkoudheid (de)	หวัด	wàt
verkouden raken (ww)	เป็นหวัด	bpen wàt
bronchitis (de)	โรคหลอดลมอักเสบ	rôhk lòrt lom àk-sàyp
longontsteking (de)	โรคปอดบวม	rôhk bpòrt-buam
griep (de)	ไข้หวัดใหญ่	khâi wàt yài
bijziend (bn)	สายตาสั้น	sǎai dtaa sân
verziend (bn)	สายตายาว	sǎai dtaa yaao
scheelheid (de)	ตาเหล่	dtaa lày
scheel (bn)	เป็นตาเหล่	bpen dtaa kǎy rěu lày
grauwe staar (de)	ต้อกระจก	dtôr grà-jòk
glaucoom (het)	ต้อหิน	dtôr hǐn
beroerte (de)	โรคหลอดเลือดสมอง	rôhk lòrt lêuat sà-mǒrng
hartinfarct (het)	อาการหัวใจวาย	aa-gaan hǔa jai waai
myocardiaal infarct (het)	กล้ามเนื้อหัวใจตายเหตุขาดเลือด	glâam néua hǔa jai dtaai hàyt khàat lêuat
verlamming (de)	อัมพาต	am-má-phâat
verlammen (ww)	ทำให้เป็นอัมพาต	tham hâi bpen am-má-phâat
allergie (de)	ภูมิแพ้	phoom pháe
astma (de/het)	โรคหืด	rôhk hèut
diabetes (de)	โรคเบาหวาน	rôhk bao wǎan
tandpijn (de)	อาการปวดฟัน	aa-gaan bpùat fan
tandbederf (het)	ฟันผุ	fan phù
diarree (de)	อาการท้องเสีย	aa-gaan thórng sǐa
constipatie (de)	อาการท้องผูก	aa-gaan thórng phòok
maagstoornis (de)	อาการปวดท้อง	aa-gaan bpùat thórng
voedselvergiftiging (de)	ภาวะอาหารเป็นพิษ	phaa-wá aa hǎan bpen pít
voedselvergiftiging oplopen	กินอาหารเป็นพิษ	gin aa hǎan bpen phít
artritis (de)	โรคข้ออักเสบ	rôhk khôr àk-sàyp
rachitis (de)	โรคกระดูกอ่อน	rôhk grà-dòok òrn
reuma (het)	โรครูมาติก	rôhk roo-maa-dtìk
arteriosclerose (de)	ภาวะหลอดเลือดแข็ง	phaa-wá lòrt lêuat khǎeng
gastritis (de)	โรคกระเพาะอาหาร	rôhk grà-phór aa-hǎan
blindedarmontsteking (de)	ไส้ติ่งอักเสบ	sâi dtìng àk-sàyp

galblaasontsteking (de)	โรคถุงน้ำดีอักเสบ	rôhk thŭng nám dee àk-sàyp
zweer (de)	แผลเปื่อย	phlăe bpèuay

mazelen (mv.)	โรคหัด	rôhk hàt
rodehond (de)	โรคหัดเยอรมัน	rôhk hàt yer-rá-man
geelzucht (de)	โรคดีซาน	rôhk dee sâan
leverontsteking (de)	โรคตับอักเสบ	rôhk dtàp àk-sàyp

schizofrenie (de)	โรคจิตเภท	rôhk jìt-dtà-phâyt
dolheid (de)	โรคพิษสุนัขบ้า	rôhk phít sù-nák bâa
neurose (de)	โรคประสาท	rôhk bprà-sàat
hersenschudding (de)	สมองกระทบกระเทือน	sà-mŏrng grà-thóp grà-theuan

kanker (de)	มะเร็ง	má-reng
sclerose (de)	การแข็งตัวของเนื้อเยื่อรางกาย	gaan kăeng dtua kŏng néua yêua râang gaai
multiple sclerose (de)	โรคปลอกประสาทเสื่อมแข็ง	rôhk bplòk bprà-sàat sèuam kăeng

alcoholisme (het)	โรคพิษสุราเรื้อรัง	rôhk phít sù-raa réua rang
alcoholicus (de)	คนขี้เหลา	khon khêe lâo
syfilis (de)	โรคซิฟิลิส	rôhk sí-fí-lít
AIDS (de)	โรคเอดส์	rôhk àyt

tumor (de)	เนื้องอก	néua ngôk
kwaadaardig (bn)	ราย	ráai
goedaardig (bn)	ไมราย	mâi ráai

koorts (de)	ไข้	khâi
malaria (de)	ไข้มาลาเรีย	kâi maa-laa-ria
gangreen (het)	เนื้อตายเน่า	néua dtaai nâo
zeeziekte (de)	ภาวะเมาคลื่น	phaa-wá mao khlêun
epilepsie (de)	โรคลมบาหมู	rôhk lom bâa-mŏo

epidemie (de)	โรคระบาด	rôhk rá-bàat
tyfus (de)	โรครากสาดใหญ่	rôhk râak-sàat yài
tuberculose (de)	วัณโรค	wan-ná-rôhk
cholera (de)	อหิวาตกโรค	a-hì-wâat-gà-rôhk
pest (de)	กาฬโรค	gaan-lá-rôhk

48. Symptomen. Behandelingen. Deel 1

symptoom (het)	อาการ	aa-gaan
temperatuur (de)	อุณหภูมิ	un-hà-phoom
verhoogde temperatuur (de)	อุณหภูมิสูง	un-hà-phoom sŏong
polsslag (de)	ชีพจร	chêep-phá-jon

duizeling (de)	อาการเวียนหัว	aa-gaan wian hŭa
heet (erg warm)	รอน	rórn
koude rillingen (mv.)	หนาวสั่น	năao sàn
bleek (bn)	หน้าเซียว	nâa sieow
hoest (de)	การไอ	gaan ai
hoesten (ww)	ไอ	ai

niezen (ww)	จาม	jaam
flauwte (de)	การเป็นลม	gaan bpen lom
flauwvallen (ww)	เป็นลม	bpen lom
blauwe plek (de)	ฟกช้ำ	fók chám
buil (de)	บวม	buam
zich stoten (ww)	ชน	chon
kneuzing (de)	รอยฟกช้ำ	roi fók chám
kneuzen (gekneusd zijn)	ได้รอยช้ำ	dâai roi chám
hinken (ww)	กะโผลกกะเผลก	gà-phlòhk-gà-phlàyk
verstuiking (de)	ขอหลุด	khôr lùt
verstuiken (enkel, enz.)	ทำขอหลุด	tham khôr lùt
breuk (de)	กระดูกหัก	grà-dòok hàk
een breuk oplopen	หักกระดูก	hàk grà-dòok
snijwond (de)	รอยบาด	roi bàat
zich snijden (ww)	ทำบาด	tham bàat
bloeding (de)	การเลือดไหล	gaan lêuat lăi
brandwond (de)	แผลไฟไหม้	phlăe fai mâi
zich branden (ww)	ได้รับแผลไฟไหม้	dâai ráp phlăe fai mâi
prikken (ww)	ตำ	dtam
zich prikken (ww)	ตำตัวเอง	dtam dtua ayng
blesseren (ww)	ทำให้บาดเจ็บ	tham hâi bàat jèp
blessure (letsel)	การบาดเจ็บ	gaan bàat jèp
wond (de)	แผล	phlăe
trauma (het)	แผลบาดเจ็บ	phlăe bàat jèp
ijlen (ww)	คลุ้มคลั่ง	khlúm khlâng
stotteren (ww)	พูดตะกุกตะกัก	phôot dtà-gùk-dtà-gàk
zonnesteek (de)	โรคลมแดด	rôhk lom dàet

49. Symptomen. Behandelingen. Deel 2

pijn (de)	ความเจ็บปวด	khwaam jèp bpùat
splinter (de)	เสี้ยน	sîan
zweet (het)	เหงื่อ	ngèua
zweten (ww)	เหงื่อออก	ngèua òrk
braking (de)	การอาเจียน	gaan aa-jian
stuiptrekkingen (mv.)	การชัก	gaan chák
zwanger (bn)	ตั้งครรภ์	dtâng khan
geboren worden (ww)	เกิด	gèrt
geboorte (de)	การคลอด	gaan khlôrt
baren (ww)	คลอดบุตร	khlôrt bùt
abortus (de)	การแท้งบุตร	gaan tháeng bùt
ademhaling (de)	การหายใจ	gaan hăai-jai
inademing (de)	การหายใจเข้า	gaan hăai-jai khâo
uitademing (de)	การหายใจออก	gaan hăai-jai òrk
uitademen (ww)	หายใจออก	hăai-jai òrk

inademen (ww)	หายใจเข้า	hăai-jai khâo
invalide (de)	คนพิการ	khon phí-gaan
gehandicapte (de)	พิการ	phí-gaan
drugsverslaafde (de)	ผู้ติดยาเสพติด	phôo dtìt yaa-sàyp-dtìt
doof (bn)	หูหนวก	hŏo nùak
stom (bn)	เป็นใบ้	bpen bâi
doofstom (bn)	หูหนวกเป็นใบ้	hŏo nùak bpen bâi
krankzinnig (bn)	บ้า	bâa
krankzinnige (man)	คนบ้า	khon bâa
krankzinnige (vrouw)	คนบ้า	khon bâa
krankzinnig worden	เสียสติ	sĭa sà-dtì
gen (het)	ยีน	yeun
immuniteit (de)	ภูมิคุ้มกัน	phoom khúm gan
erfelijk (bn)	เป็นกรรมพันธุ์	bpen gam-má-phan
aangeboren (bn)	แต่กำเนิด	dtàe gam-nèrt
virus (het)	เชื้อไวรัส	chéua wai-rát
microbe (de)	จุลินทรีย์	jù-lin-see
bacterie (de)	แบคทีเรีย	bàek-tee-ria
infectie (de)	การติดเชื้อ	gaan dtìt chéua

50. Symptomen. Behandelingen. Deel 3

ziekenhuis (het)	โรงพยาบาล	rohng phá-yaa-baan
patiënt (de)	ผู้ป่วย	phôo bpùay
diagnose (de)	การวินิจฉัยโรค	gaan wí-nít-chăi rôhk
genezing (de)	การรักษา	gaan rák-săa
medische behandeling (de)	การรักษาทางการแพทย์	gaan rák-săa thaang gaan phâet
onder behandeling zijn	รับการรักษา	ráp gaan rák-săa
behandelen (ww)	รักษา	rák-săa
zorgen (zieken ~)	รักษา	rák-săa
ziekenzorg (de)	การดูแลรักษา	gaan doo lae rák-săa
operatie (de)	การผ่าตัด	gaan phàa dtàt
verbinden (een arm ~)	พันแผล	phan phlăe
verband (het)	การพันแผล	gaan phan phlăe
vaccin (het)	การฉีดวัคซีน	gaan chèet wák-seen
inenten (vaccineren)	ฉีดวัคซีน	chèet wák-seen
injectie (de)	การฉีดยา	gaan chèet yaa
een injectie geven	ฉีดยา	chèet yaa
aanval (de)	มีอาการเฉียบพลัน	mee aa-gaan chìap phlan
amputatie (de)	การตัดอวัยวะออก	gaan dtàt a-wai-wá òrk
amputeren (ww)	ตัด	dtàt
coma (het)	อาการโคม่า	aa-gaan khoh-mâa
in coma liggen	อยู่ในอาการโคม่า	yòo nai aa-gaan khoh-mâa
intensieve zorg, ICU (de)	หน่วยอภิบาล	nùay à-phí-baan
zich herstellen (ww)	ฟื้นตัว	féun dtua

toestand (de)	อาการ	aa-gaan
bewustzijn (het)	สติสัมปชัญญะ	sà-dtì sǎm-bpà-chan-yá
geheugen (het)	ความทรงจำ	khwaam song jam
trekken (een kies ~)	ถอน	thǒrn
vulling (de)	การอุด	gaan ùt
vullen (ww)	อุด	ùt
hypnose (de)	การสะกดจิต	gaan sà-gòt jìt
hypnotiseren (ww)	สะกดจิต	sà-gòt jìt

51. Artsen

dokter, arts (de)	แพทย์	phâet
ziekenzuster (de)	พยาบาล	phá-yaa-baan
lijfarts (de)	แพทย์ส่วนตัว	phâet sùan dtua
tandarts (de)	ทันตแพทย์	than-dtà phâet
oogarts (de)	จักษุแพทย์	jàk-sù phâet
therapeut (de)	อายุรแพทย์	aa-yú-rá-phâet
chirurg (de)	ศัลยแพทย์	sǎn-yá-phâet
psychiater (de)	จิตแพทย์	jìt-dtà-phâet
pediater (de)	กุมารแพทย์	gù-maan phâet
psycholoog (de)	นักจิตวิทยา	nák jìt wít-thá-yaa
gynaecoloog (de)	นรีแพทย์	ná-ree phâet
cardioloog (de)	หทัยแพทย์	hà-thai phâet

52. Geneeskunde. Medicijnen. Accessoires

geneesmiddel (het)	ยา	yaa
middel (het)	ยา	yaa
voorschrijven (ww)	จ่ายยา	jàai yaa
recept (het)	ใบสั่งยา	bai sàng yaa
tablet (de/het)	ยาเม็ด	yaa mét
zalf (de)	ยาทา	yaa thaa
ampul (de)	หลอดยา	lòrt yaa
drank (de)	ยาส่วนผสม	yaa sùan phà-sǒm
siroop (de)	น้ำเชื่อม	nám chêuam
pil (de)	ยาเม็ด	yaa mét
poeder (de/het)	ยาผง	yaa phǒng
verband (het)	ผ้าพันแผล	phâa phan phlǎe
watten (mv.)	สำลี	sǎm-lee
jodium (het)	ไอโอดีน	ai oh-deen
pleister (de)	พลาสเตอร์	phláat-dtêr
pipet (de)	ที่หยอดตา	thêe yòrt dtaa
thermometer (de)	ปรอท	bpa -ròrt
spuit (de)	เข็มฉีดยา	khěm chèet-yaa
rolstoel (de)	รถเข็นคนพิการ	rót khěn khon phí-gaan

krukken (mv.)	ไม้ค้ำยัน	máai khám yan
pijnstiller (de)	ยาแก้ปวด	yaa gâe bpùat
laxeermiddel (het)	ยาระบาย	yaa rá-baai
spiritus (de)	เอธานอล	ay-thaa-norn
medicinale kruiden (mv.)	สมุนไพรทางการแพทย์	sà-mŭn phrai thaang gaan phâet
kruiden- (abn)	สมุนไพร	sà-mŭn phrai

HET MENSELIJKE LEEFGEBIED

Stad

53. Stad. Het leven in de stad

Nederlands	Thai	Transcriptie
stad (de)	เมือง	meuang
hoofdstad (de)	เมืองหลวง	meuang lŭang
dorp (het)	หมู่บ้าน	mòo bâan
plattegrond (de)	แผนที่เมือง	phăen thêe meuang
centrum (ov. een stad)	ใจกลางเมือง	jai glaang-meuang
voorstad (de)	ชานเมือง	chaan meuang
voorstads- (abn)	ชานเมือง	chaan meuang
randgemeente (de)	รอบนอกเมือง	rôrp nôrk meuang
omgeving (de)	เขตรอบเมือง	khàyt rôrp-meuang
blok (huizenblok)	บล็อกผังเมือง	blòrk phăng meuang
woonwijk (de)	บล็อกที่อยู่อาศัย	blòrk thêe yòo aa-săi
verkeer (het)	การจราจร	gaan jà-raa-jon
verkeerslicht (het)	ไฟจราจร	fai jà-raa-jon
openbaar vervoer (het)	ขนส่งมวลชน	khŏn sòng muan chon
kruispunt (het)	สี่แยก	sèe yâek
zebrapad (oversteekplaats)	ทางม้าลาย	thaang máa laai
onderdoorgang (de)	อุโมงค์คนเดิน	u-mohng kon dern
oversteken (de straat ~)	ข้าม	khâam
voetganger (de)	คนเดินเท้า	khon dern tháo
trottoir (het)	ทางเท้า	thaang tháo
brug (de)	สะพาน	sà-phaan
dijk (de)	ทางเลียบแม่น้ำ	thaang lîap mâe náam
fontein (de)	น้ำพุ	nám phú
allee (de)	ทางเลียบสวน	thaang lîap sŭan
park (het)	สวน	sŭan
boulevard (de)	ถนนกว้าง	thà-nŏn gwâang
plein (het)	จัตุรัส	jàt-dtù-ràt
laan (de)	ถนนใหญ่	thà-nŏn yài
straat (de)	ถนน	thà-nŏn
zijstraat (de)	ซอย	soi
doodlopende straat (de)	ทางตัน	thaang dtan
huis (het)	บ้าน	bâan
gebouw (het)	อาคาร	aa-khaan
wolkenkrabber (de)	ตึกระฟ้า	dtèuk rá-fáa
gevel (de)	ด้านหน้าอาคาร	dâan-nâa aa-khaan
dak (het)	หลังคา	lăng khaa

venster (het)	หน้าต่าง	nâa dtàang
boog (de)	ชุมประตู	súm bprà-dtoo
pilaar (de)	เสา	săo
hoek (ov. een gebouw)	มุม	mum
vitrine (de)	หน้าต่างร้านค้า	nâa dtàang ráan kháa
gevelreclame (de)	ป้ายร้าน	bpâai ráan
affiche (de/het)	โปสเตอร์	bpòht-dtêr
reclameposter (de)	ป้ายโฆษณา	bpâai khôht-sà-naa
aanplakbord (het)	กระดานปิดประกาศโฆษณา	grà-daan bpìt bprà-gàat khôht-sà-naa
vuilnis (de/het)	ขยะ	khà-yà
vuilnisbak (de)	ถังขยะ	thăng khà-yà
afval weggooien (ww)	ทิ้งขยะ	thíng khà-yà
stortplaats (de)	ที่ทิ้งขยะ	thêe thíng khà-yà
telefooncel (de)	ตู้โทรศัพท์	dtôo thoh-rá-sàp
straatlicht (het)	เสาโคม	săo khohm
bank (de)	ม้านั่ง	máa nâng
politieagent (de)	เจ้าหน้าที่ตำรวจ	jâo nâa-thêe dtam-rùat
politie (de)	ตำรวจ	dtam-rùat
zwerver (de)	ขอทาน	khŏr thaan
dakloze (de)	คนไร้บ้าน	khon rái bâan

54. Stedelijke instellingen

winkel (de)	ร้านค้า	ráan kháa
apotheek (de)	ร้านขายยา	ráan khăai yaa
optiek (de)	ร้านตัดแว่น	ráan dtàt wâen
winkelcentrum (het)	ศูนย์การค้า	sŏon gaan kháa
supermarkt (de)	ซูเปอร์มาร์เก็ต	soo-bper-maa-gèt
bakkerij (de)	ร้านขนมปัง	ráan khà-nŏm bpang
bakker (de)	คนอบขนมปัง	khon òp khà-nŏm bpang
banketbakkerij (de)	ร้านขนม	ráan khà-nŏm
kruidenier (de)	ร้านขายของชำ	ráan khăai khŏrng cham
slagerij (de)	ร้านขายเนื้อ	ráan khăai néua
groentewinkel (de)	ร้านขายผัก	ráan khăai phàk
markt (de)	ตลาด	dtà-làat
koffiehuis (het)	ร้านกาแฟ	ráan gaa-fae
restaurant (het)	ร้านอาหาร	ráan aa-hăan
bar (de)	บาร์	baa
pizzeria (de)	ร้านพิซซ่า	ráan phís-sâa
kapperssalon (de/het)	ร้านทำผม	ráan tham phŏm
postkantoor (het)	โรงไปรษณีย์	rohng bprai-sà-nee
stomerij (de)	ร้านซักแห้ง	ráan sák hâeng
fotostudio (de)	ห้องถ่ายภาพ	hôrng thàai phâap
schoenwinkel (de)	ร้านขายรองเท้า	ráan khăai rorng táo
boekhandel (de)	ร้านขายหนังสือ	ráan khăai năng-sĕu

sportwinkel (de)	ร้านขายอุปกรณ์กีฬา	ráan khăai u-bpà-gon gee-laa
kledingreparatie (de)	ร้านซ่อมเสื้อผ้า	ráan sôrm sêua phâa
kledingverhuur (de)	ร้านเช่าเสื้อออกงาน	ráan châo sêua òrk ngaan
videotheek (de)	ร้านเช่าวิดีโอ	ráan châo wí-dee-oh
circus (de/het)	โรงละครสัตว์	rohng lá-khon sàt
dierentuin (de)	สวนสัตว์	sŭan sàt
bioscoop (de)	โรงภาพยนตร์	rohng phâap-phá-yon
museum (het)	พิพิธภัณฑ์	phí-phítha phan
bibliotheek (de)	ห้องสมุด	hôrng sà-mùt
theater (het)	โรงละคร	rohng lá-khon
opera (de)	โรงอุปรากร	rohng ù-bpà-raa-gon
nachtclub (de)	ไนท์คลับ	nai-kláp
casino (het)	คาสิโน	khaa-sì-noh
moskee (de)	สุเหร่า	sù-rào
synagoge (de)	โบสถ์ยิว	bòht yiw
kathedraal (de)	อาสนวิหาร	aa sŏn wí-hăan
tempel (de)	วิหาร	wí-hăan
kerk (de)	โบสถ์	bòht
instituut (het)	วิทยาลัย	wít-thá-yaa-lai
universiteit (de)	มหาวิทยาลัย	má-hăa wít-thá-yaa-lai
school (de)	โรงเรียน	rohng rian
gemeentehuis (het)	ศาลากลางจังหวัด	săa-laa glaang jang-wàt
stadhuis (het)	ศาลาเทศบาล	săa-laa thâyt-sà-baan
hotel (het)	โรงแรม	rohng raem
bank (de)	ธนาคาร	thá-naa-khaan
ambassade (de)	สถานทูต	sà-thăan thôot
reisbureau (het)	บริษัททัวร์	bor-rí-sàt thua
informatieloket (het)	สำนักงานศูนย์ข้อมูล	săm-nák ngaan sŏon khôr moon
wisselkantoor (het)	ร้านแลกเงิน	ráan lâek ngern
metro (de)	รถไฟใต้ดิน	rót fai dtâi din
ziekenhuis (het)	โรงพยาบาล	rohng phá-yaa-baan
benzinestation (het)	ปั๊มน้ำมัน	bpám náam man
parking (de)	ลานจอดรถ	laan jòrt rót

55. Borden

gevelreclame (de)	ป้ายร้าน	bpâai ráan
opschrift (het)	ป้ายเตือน	bpâai dteuan
poster (de)	โปสเตอร์	bpòht-dtêr
wegwijzer (de)	ป้ายบอกทาง	bpâai bòrk thaang
pijl (de)	ลูกศร	lôok sŏn
waarschuwing (verwittiging)	คำเตือน	kham dteuan
waarschuwingsbord (het)	ป้ายเตือน	bpâai dteuan
waarschuwen (ww)	เตือน	dteuan

vrije dag (de)	วันหยุด	wan yùt
dienstregeling (de)	ตารางเวลา	dtaa-raang way-laa
openingsuren (mv.)	เวลาทำการ	way-laa tham gaan
WELKOM!	ยินดีต้อนรับ!	yin dee dtôrn ráp
INGANG	ทางเข้า	thaang khâo
UITGANG	ทางออก	thaang òrk
DUWEN	ผลัก	phlàk
TREKKEN	ดึง	deung
OPEN	เปิด	bpèrt
GESLOTEN	ปิด	bpìt
DAMES	หญิง	yǐng
HEREN	ชาย	chaai
KORTING	ลดราคา	lót raa-khaa
UITVERKOOP	ขายของลดราคา	khǎai khǒrng lót raa-khaa
NIEUW!	ใหม่!	mài
GRATIS	ฟรี	free
PAS OP!	โปรดทราบ!	bpròht sâap
VOLGEBOEKT	ไม่มีห้องว่าง	mâi mee hôrng wâang
GERESERVEERD	จองแล้ว	jorng láew
ADMINISTRATIE	สำนักงาน	sǎm-nák ngaan
ALLEEN VOOR PERSONEEL	เฉพาะพนักงาน	chà-phór phá-nák ngaan
GEVAARLIJKE HOND	ระวังสุนัข!	rá-wang sù-nák
VERBODEN TE ROKEN!	ห้ามสูบบุหรี่	hâam sòop bù rèe
NIET AANRAKEN!	ห้ามแตะ!	hâam dtàe
GEVAARLIJK	อันตราย	an-dtà-raai
GEVAAR	อันตราย	an-dtà-raai
HOOGSPANNING	ไฟฟ้าแรงสูง	fai fáa raeng sǒong
VERBODEN TE ZWEMMEN	ห้ามว่ายน้ำ!	hâam wâai náam
BUITEN GEBRUIK	เสีย	sǐa
ONTVLAMBAAR	อันตรายติดไฟ	an-dtà-raai dtìt fai
VERBODEN	ห้าม	hâam
DOORGANG VERBODEN	ห้ามผ่าน!	hâam phàan
OPGELET PAS GEVERFD	สีพื้นเปียก	sěe phéun bpìak

56. Stedelijk vervoer

bus, autobus (de)	รถเมล์	rót may
tram (de)	รถราง	rót raang
trolleybus (de)	รถโดยสารประจำทางไฟฟ้า	rót doi sǎan bprà-jam thaang fai fáa
route (de)	เส้นทาง	sên thaang
nummer (busnummer, enz.)	หมายเลข	mǎai lâyk
rijden met ...	ไปด้วย	bpai dûay
stappen (in de bus ~)	ขึ้น	khêun

afstappen (ww)	ลง	long
halte (de)	ป้าย	bpâai
volgende halte (de)	ป้ายถัดไป	bpâai thàt bpai
eindpunt (het)	ป้ายสุดท้าย	bpâai sùt tháai
dienstregeling (de)	ตารางเวลา	dtaa-raang way-laa
wachten (ww)	รอ	ror
kaartje (het)	ตั๋ว	dtǔa
reiskosten (de)	ค่าตั๋ว	khâa dtǔa
kassier (de)	คนขายตั๋ว	khon khǎai dtǔa
kaartcontrole (de)	การตรวจตั๋ว	gaan dtrùat dtǔa
controleur (de)	พนักงานตรวจตั๋ว	phá-nák ngaan dtrùat dtǔa
te laat zijn (ww)	ไปสาย	bpai sǎai
missen (de bus ~)	พลาด	phlâat
zich haasten (ww)	รีบเร่ง	rêep râyng
taxi (de)	แท็กซี่	tháek-sêe
taxichauffeur (de)	คนขับแท็กซี่	khon khàp tháek-sêe
met de taxi (bw)	โดยแท็กซี่	doi tháek-sêe
taxistandplaats (de)	ป้ายจอดแท็กซี่	bpâai jòrt tháek sêe
een taxi bestellen	เรียกแท็กซี่	rîak tháek sêe
een taxi nemen	ขึ้นรถแท็กซี่	khêun rót tháek-sêe
verkeer (het)	การจราจร	gaan jà-raa-jon
file (de)	การจราจรติดขัด	gaan jà-raa-jon dtìt khàt
spitsuur (het)	ชั่วโมงเร่งด่วน	chûa mohng râyng dùan
parkeren (on.ww.)	จอด	jòrt
parkeren (ov.ww.)	จอด	jòrt
parking (de)	ลานจอดรถ	laan jòrt rót
metro (de)	รถไฟใต้ดิน	rót fai dtâi din
halte (bijv. kleine treinhalte)	สถานี	sà-thǎa-nee
de metro nemen	ขึ้นรถไฟใต้ดิน	khêun rót fai dtâi din
trein (de)	รถไฟ	rót fai
station (treinstation)	สถานีรถไฟ	sà-thǎa-nee rót fai

57. Bezienswaardigheden

monument (het)	อนุสาวรีย์	a-nú-sǎa-wá-ree
vesting (de)	ป้อม	bpôrm
paleis (het)	วัง	wang
kasteel (het)	ปราสาท	bpraa-sàat
toren (de)	หอ	hǒr
mausoleum (het)	สุสาน	sù-sǎan
architectuur (de)	สถาปัตยกรรม	sà-thǎa-bpàt-dtà-yá-gam
middeleeuws (bn)	ยุคกลาง	yúk glaang
oud (bn)	โบราณ	boh-raan
nationaal (bn)	แห่งชาติ	hàeng châat
bekend (bn)	ที่มีชื่อเสียง	thêe mee chêu-sǐang
toerist (de)	นักท่องเที่ยว	nák thôrng thîeow
gids (de)	มัคคุเทศก์	mák-khú-thâyt

rondleiding (de)	ทัศนศึกษา	thát-sà-ná-sèuk-săa
tonen (ww)	แสดง	sà-daeng
vertellen (ww)	เล่า	lâo
vinden (ww)	หาพบ	hăa phóp
verdwalen (de weg kwijt zijn)	หลงทาง	lŏng thaang
plattegrond (~ van de metro)	แผนที่	phăen thêe
plattegrond (~ van de stad)	แผนที่	phăen thêe
souvenir (het)	ของที่ระลึก	khŏrng thêe rá-léuk
souvenirwinkel (de)	ร้านขาย ของที่ระลึก	ráan khăai khŏrng thêe rá-léuk
foto's maken	ถ่ายภาพ	thàai phâap
zich laten fotograferen	ได้รับการ ถ่ายภาพให้	dâai ráp gaan thàai phâap hâi

58. Winkelen

kopen (ww)	ซื้อ	séu
aankoop (de)	ของซื้อ	khŏrng séu
winkelen (ww)	ไปซื้อของ	bpai séu khŏrng
winkelen (het)	การชอปปิ้ง	gaan chôp bping
open zijn (ov. een winkel, enz.)	เปิด	bpèrt
gesloten zijn (ww)	ปิด	bpìt
schoeisel (het)	รองเท้า	rorng tháo
kleren (mv.)	เสื้อผ้า	sêua phâa
cosmetica (mv.)	เครื่องสำอาง	khrêuang săm-aang
voedingswaren (mv.)	อาหาร	aa-hăan
geschenk (het)	ของขวัญ	khŏrng khwăn
verkoper (de)	พนักงานขาย	phá-nák ngaan khăai
verkoopster (de)	พนักงานขาย	phá-nák ngaan khăai
kassa (de)	ที่จ่ายเงิน	thêe jàai ngern
spiegel (de)	กระจก	grà-jòk
toonbank (de)	เคาน์เตอร์	khao-dtêr
paskamer (de)	ห้องลองเสื้อผ้า	hôrng lorng sêua phâa
aanpassen (ww)	ลอง	lorng
passen (ov. kleren)	เหมาะ	mò
bevallen (prettig vinden)	ชอบ	chôrp
prijs (de)	ราคา	raa-khaa
prijskaartje (het)	ป้ายราคา	bpâai raa-khaa
kosten (ww)	ราคา	raa-khaa
Hoeveel?	ราคาเท่าไหร่?	raa-khaa thâo rài
korting (de)	ลดราคา	lót raa-khaa
niet duur (bn)	ไม่แพง	mâi phaeng
goedkoop (bn)	ถูก	thòok
duur (bn)	แพง	phaeng

Dat is duur.	มันราคาแพง	man raa-khaa phaeng
verhuur (de)	การเช่า	gaan châo
huren (smoking, enz.)	เช่า	châo
krediet (het)	สินเชื่อ	sǐn chêua
op krediet (bw)	ซื้อเงินเชื่อ	séu ngern chêua

59. Geld

geld (het)	เงิน	ngern
ruil (de)	การแลกเปลี่ยนสกุลเงิน	gaan lâek bplìan sà-gun ngern
koers (de)	อัตราแลกเปลี่ยนสกุลเงิน	àt-dtraa lâek bplìan sà-gun ngern
geldautomaat (de)	เอทีเอ็ม	ay-thee-em
muntstuk (de)	เหรียญ	rǐan

dollar (de)	ดอลลาร์	dorn-lâa
euro (de)	ยูโร	yoo-roh

lire (de)	ลีราอิตาลี	lee-raa ì-dtaa-lee
Duitse mark (de)	มาร์ค	mâak
frank (de)	ฟรังค์	frang
pond sterling (het)	ปอนด์สเตอร์ลิง	bporn sà-dtêr-ling
yen (de)	เยน	yayn

schuld (geldbedrag)	หนี้	nêe
schuldenaar (de)	ลูกหนี้	lôok nêe
uitlenen (ww)	ให้ยืม	hâi yeum
lenen (geld ~)	ขอยืม	khǒr yeum

bank (de)	ธนาคาร	thá-naa-khaan
bankrekening (de)	บัญชี	ban-chee
storten (ww)	ฝาก	fàak
op rekening storten	ฝากเงินเข้าบัญชี	fàak ngern khâo ban-chee
opnemen (ww)	ถอน	thǒrn

kredietkaart (de)	บัตรเครดิต	bàt khray-dìt
baar geld (het)	เงินสด	ngern sòt
cheque (de)	เช็ค	chék
een cheque uitschrijven	เขียนเช็ค	khǐan chék
chequeboekje (het)	สมุดเช็ค	sà-mùt chék

portefeuille (de)	กระเป๋าเงิน	grà-bpǎo ngern
geldbeugel (de)	กระเป๋าสตางค์	grà-bpǎo sà-dtaang
safe (de)	ตู้เซฟ	dtôo sâyf

erfgenaam (de)	ทายาท	thaa-yâat
erfenis (de)	มรดก	mor-rá-dòrk
fortuin (het)	เงินจำนวนมาก	ngern jam-nuan mâak

huur (de)	สัญญาเช่า	sǎn-yaa châo
huurprijs (de)	ค่าเช่า	kâa châo
huren (huis, kamer)	เช่า	châo
prijs (de)	ราคา	raa-khaa

kostprijs (de)	ราคา	raa-khaa
som (de)	จำนวนเงินรวม	jam-nuan ngern ruam
uitgeven (geld besteden)	จ่าย	jàai
kosten (mv.)	ค่าจ่าย	khâa jàai
bezuinigen (ww)	ประหยัด	bprà-yàt
zuinig (bn)	ประหยัด	bprà-yàt
betalen (ww)	จ่าย	jàai
betaling (de)	การจ่ายเงิน	gaan jàai ngern
wisselgeld (het)	เงินทอน	ngern thorn
belasting (de)	ภาษี	phaa-sěe
boete (de)	ค่าปรับ	khâa bpràp
beboeten (bekeuren)	ปรับ	bpràp

60. Post. Postkantoor

postkantoor (het)	โรงไปรษณีย์	rohng bprai-sà-nee
post (de)	จดหมาย	jòt mǎai
postbode (de)	บุรุษไปรษณีย์	bù-rùt bprai-sà-nee
openingsuren (mv.)	เวลาทำการ	way-laa tham gaan
brief (de)	จดหมาย	jòt mǎai
aangetekende brief (de)	จดหมายลงทะเบียน	jòt mǎai long thá-bian
briefkaart (de)	ไปรษณียบัตร	bprai-sà-nee-yá-bàt
telegram (het)	โทรเลข	thoh-rá-lâyk
postpakket (het)	พัสดุ	phát-sà-dù
overschrijving (de)	การโอนเงิน	gaan ohn ngern
ontvangen (ww)	รับ	ráp
sturen (zenden)	ฝาก	fàak
verzending (de)	การฝาก	gaan fàak
adres (het)	ที่อยู่	thêe yòo
postcode (de)	รหัสไปรษณีย์	rá-hàt bprai-sà-nee
verzender (de)	ผู้ฝาก	phôo fàak
ontvanger (de)	ผู้รับ	phôo ráp
naam (de)	ชื่อ	chêu
achternaam (de)	นามสกุล	naam sà-gun
tarief (het)	อัตราค่าส่งไปรษณีย์	àt-dtraa khâa sòng bprai-sà-nee
standaard (bn)	มาตรฐาน	mâat-dtrà-thǎan
zuinig (bn)	ประหยัด	bprà-yàt
gewicht (het)	น้ำหนัก	nám nàk
afwegen (op de weegschaal)	มีน้ำหนัก	mee nám nàk
envelop (de)	ซอง	sorng
postzegel (de)	แสตมป์ไปรษณีย์	sà-dtaem bprai-sà-nee
een postzegel plakken op	แสตมป์ตราประทับบนซอง	sà-dtaem dtraa bprà-tháp bon song

Woning. Huis. Thuis

61. Huis. Elektriciteit

elektriciteit (de)	ไฟฟ้า	fai fáa
lamp (de)	หลอดไฟฟ้า	lòrt fai fáa
schakelaar (de)	ปุ่มปิดเปิดไฟ	bpùm bpìt bpèrt fai
zekering (de)	ฟิวส์	fiw
draad (de)	สายไฟฟ้า	săai fai fáa
bedrading (de)	การเดินสายไฟ	gaan dern săai fai
elektriciteitsmeter (de)	มิเตอร์วัดไฟฟ้า	mí-dtêr wát fai fáa
gegevens (mv.)	คามิเตอร์	khâa mí-dtêr

62. Villa. Herenhuis

landhuisje (het)	บ้านสไตล์คันทรี่	bâan sà-dtai khan trêe
villa (de)	คฤหาสน์	khá-réu-hàat
vleugel (de)	สวน	sùan
tuin (de)	สวน	sŭan
park (het)	สวน	sŭan
oranjerie (de)	เรือนกระจกเขตร้อน	reuan grà-jòk khàyt rórn
onderhouden (tuin, enz.)	ดูแล	doo lae
zwembad (het)	สระว่ายน้ำ	sà wâai náam
gym (het)	โรงยิม	rohng-yim
tennisveld (het)	สนามเทนนิส	sà-năam then-nít
bioscoopkamer (de)	ห้องฉายหนัง	hôrng chăai năng
garage (de)	โรงรถ	rohng rót
privé-eigendom (het)	ทรัพย์สินส่วนบุคคล	sáp sĭn sùan bùk-khon
eigen terrein (het)	ที่ดินส่วนบุคคล	thêe din sùan bùk-khon
waarschuwing (de)	คำเตือน	kham dteuan
waarschuwingsbord (het)	ป้ายเตือน	bpâai dteuan
bewaking (de)	ผู้รักษา ความปลอดภัย	phôo rák-săa khwaam bplòrt phai
bewaker (de)	ยาม	yaam
inbraakalarm (het)	สัญญาณกันขโมย	săn-yaan gan khà-moi

63. Appartement

appartement (het)	อพาร์ตเมนต์	a-phâat-mayn
kamer (de)	ห้อง	hôrng

slaapkamer (de)	ห้องนอน	hôrng norn
eetkamer (de)	ห้องรับประทานอาหาร	hôrng ráp bprà-thaan aa-hǎan
salon (de)	ห้องนั่งเล่น	hôrng nâng lên
studeerkamer (de)	ห้องทำงาน	hôrng tham ngaan
gang (de)	ห้องเข้า	hôrng khâo
badkamer (de)	ห้องน้ำ	hôrng náam
toilet (het)	ห้องส้วม	hôrng sûam
plafond (het)	เพดาน	phay-daan
vloer (de)	พื้น	phéun
hoek (de)	มุม	mum

64. Meubels. Interieur

meubels (mv.)	เครื่องเรือน	khrêuang reuan
tafel (de)	โต๊ะ	dtó
stoel (de)	เก้าอี้	gâo-êe
bed (het)	เตียง	dtiang
bankstel (het)	โซฟา	soh-faa
fauteuil (de)	เก้าอี้ท้าวแขน	gâo-êe tháo khǎen
boekenkast (de)	ตู้หนังสือ	dtôo nǎng-sěu
boekenrek (het)	ชั้นวาง	chán waang
kledingkast (de)	ตู้เสื้อผ้า	dtôo sêua phâa
kapstok (de)	ที่แขวนเสื้อ	thêe khwǎen sêua
staande kapstok (de)	ไม้แขวนเสื้อ	mái khwǎen sêua
commode (de)	ตู้ลิ้นชัก	dtôo lín chák
salontafeltje (het)	โต๊ะกาแฟ	dtó gaa-fae
spiegel (de)	กระจก	grà-jòk
tapijt (het)	พรม	phrom
tapijtje (het)	พรมเช็ดเท้า	phrom chét tháo
haard (de)	เตาผิง	dtao phǐng
kaars (de)	เทียน	thian
kandelaar (de)	เชิงเทียน	cherng thian
gordijnen (mv.)	ผ้าแขวน	phâa khwǎen
behang (het)	วอลเปเปอร์	worn-bpay-bper
jaloezie (de)	บานเกล็ดหน้าต่าง	baan glèt nâa dtàang
bureaulamp (de)	โคมไฟตั้งโต๊ะ	khohm fai dtâng dtó
wandlamp (de)	ไฟติดผนัง	fai dtìt phà-nǎng
staande lamp (de)	โคมไฟตั้งพื้น	khohm fai dtâng phéun
luchter (de)	โคมระย้า	khohm rá-yáa
poot (ov. een tafel, enz.)	ขา	khǎa
armleuning (de)	ที่พักแขน	thêe phák khǎen
rugleuning (de)	พนักพิง	phá-nák phing
la (de)	ลิ้นชัก	lín chák

65. Beddengoed

beddengoed (het)	ชุดผ้าปูที่นอน	chút phâa bpoo thêe norn
kussen (het)	หมอน	mŏrn
kussenovertrek (de)	ปลอกหมอน	bplòk mŏrn
deken (de)	ผ้าผวย	phâa phŭay
laken (het)	ผ้าปู	phâa bpoo
sprei (de)	ผ้าคลุมเตียง	phâa khlum dtiang

66. Keuken

keuken (de)	ห้องครัว	hôrng khrua
gas (het)	แก๊ส	gáet
gasfornuis (het)	เตาแก๊ส	dtao gàet
elektrisch fornuis (het)	เตาไฟฟ้า	dtao fai-fáa
oven (de)	เตาอบ	dtao òp
magnetronoven (de)	เตาอบไมโครเวฟ	dtao òp mai-khroh-we p
koelkast (de)	ตู้เย็น	dtôo yen
diepvriezer (de)	ตู้แช่แข็ง	dtôo châe khăeng
vaatwasmachine (de)	เครื่องล้างจาน	khrêuang láang jaan
vleesmolen (de)	เครื่องบดเนื้อ	khrêuang bòt néua
vruchtenpers (de)	เครื่องคั้นน้ำผลไม้	khrêuang khán náam phŏn-lá-mái
toaster (de)	เครื่องปิ้งขนมปัง	khrêuang bpîng khà-nŏm bpang
mixer (de)	เครื่องปั่น	khrêuang bpàn
koffiemachine (de)	เครื่องชงกาแฟ	khrêuang chong gaa-fae
koffiepot (de)	หม้อกาแฟ	môr gaa-fae
koffiemolen (de)	เครื่องบดกาแฟ	khrêuang bòt gaa-fae
fluitketel (de)	กาน้ำ	gaa náam
theepot (de)	กาน้ำชา	gaa náam chaa
deksel (de/het)	ฝา	făa
theezeefje (het)	ที่กรองชา	thêe grorng chaa
lepel (de)	ช้อน	chórn
theelepeltje (het)	ช้อนชา	chórn chaa
eetlepel (de)	ช้อนซุป	chórn súp
vork (de)	ส้อม	sôrm
mes (het)	มีด	mêet
vaatwerk (het)	ถ้วยชาม	thûay chaam
bord (het)	จาน	jaan
schoteltje (het)	จานรอง	jaan rorng
likeurglas (het)	แก้วช็อต	gâew chórt
glas (het)	แก้ว	gâew
kopje (het)	ถ้วย	thûay
suikerpot (de)	โถน้ำตาล	thŏh náam dtaan
zoutvat (het)	กระปุกเกลือ	grà-bpùk gleua

pepervat (het)	กระปุกพริกไท	grà-bpùk phrík thai
boterschaaltje (het)	ที่ใสเนย	thêe sài noie
pan (de)	หม้อต้ม	môr dtôm
bakpan (de)	กระทะ	grà-thá
pollepel (de)	กระบวย	grà-buay
vergiet (de/het)	กระชอน	grà chorn
dienblad (het)	ถาด	thàat
fles (de)	ขวด	khùat
glazen pot (de)	ขวดโหล	khùat lŏh
blik (conserven~)	กระป๋อง	grà-bpŏrng
flesopener (de)	ที่เปิดขวด	thêe bpèrt khùat
blikopener (de)	ที่เปิดกระป๋อง	thêe bpèrt grà-bpŏrng
kurkentrekker (de)	ที่เปิดจุก	thêe bpèrt jùk
filter (de/het)	ที่กรอง	thêe grorng
filteren (ww)	กรอง	grorng
huisvuil (het)	ขยะ	khà-yà
vuilnisemmer (de)	ถังขยะ	thăng khà-yà

67. Badkamer

badkamer (de)	ห้องน้ำ	hôrng náam
water (het)	น้ำ	nám
kraan (de)	ก๊อกน้ำ	gòk náam
warm water (het)	น้ำร้อน	nám rórn
koud water (het)	น้ำเย็น	nám yen
tandpasta (de)	ยาสีฟัน	yaa sĕe fan
tanden poetsen (ww)	แปรงฟัน	bpraeng fan
tandenborstel (de)	แปรงสีฟัน	bpraeng sĕe fan
zich scheren (ww)	โกน	gohn
scheercrème (de)	โฟมโกนหนวด	fohm gohn nùat
scheermes (het)	มีดโกน	mêet gohn
wassen (ww)	ล้าง	láang
een bad nemen	อาบ	àap
douche (de)	ฝักบัว	fàk bua
een douche nemen	อาบน้ำฝักบัว	àap náam fàk bua
bad (het)	อ่างอาบน้ำ	àang àap náam
toiletpot (de)	โถชักโครก	thŏh chák khrôhk
wastafel (de)	อางล้างหน้า	àang láang-nâa
zeep (de)	สบู่	sà-bòo
zeepbakje (het)	ที่ใส่สบู่	thêe sài sà-bòo
spons (de)	ฟองน้ำ	forng náam
shampoo (de)	แชมพู	chaem-phoo
handdoek (de)	ผ้าเช็ดตัว	phâa chét dtua
badjas (de)	เสื้อคลุมอาบน้ำ	sêua khlum àap náam

was (bijv. handwas)	การซักผ้า	gaan sák phâa
wasmachine (de)	เครื่องซักผ้า	khrêuang sák phâa
de was doen	ซักผ้า	sák phâa
waspoeder (de)	ผงซักฟอก	phǒng sák-fôrk

68. Huishoudelijke apparaten

televisie (de)	ทีวี	thee-wee
cassettespeler (de)	เครื่องบันทึกเทป	khrêuang ban-théuk thâyp
videorecorder (de)	เครื่องบันทึกวิดีโอ	khrêuang ban-théuk wí-dee-oh
radio (de)	วิทยุ	wít-thá-yú
speler (de)	เครื่องเล่น	khrêuang lên
videoprojector (de)	โปรเจ็คเตอร์	bproh-jèk-dtêr
home theater systeem (het)	เครื่องฉายภาพยนตร์ที่บ้าน	khhrêuang chǎai phâap-phá yon thêe bâan
DVD-speler (de)	เครื่องเล่น DVD	khrêuang lên dee-wee-dee
versterker (de)	เครื่องขยายเสียง	khrêuang khà-yǎai sǐang
spelconsole (de)	เครื่องเกมคอนโซล	khrêuang gaym khorn sohn
videocamera (de)	กล้องถ่ายวิดีโอ	glôrng thàai wí-dee-oh
fotocamera (de)	กล้องถ่ายรูป	glôrng thàai rôop
digitale camera (de)	กล้องดิจิตอล	glôrng dì-ji-dton
stofzuiger (de)	เครื่องดูดฝุ่น	khrêuang dòot fùn
strijkijzer (het)	เตารีด	dtao rêet
strijkplank (de)	กระดานรองรีด	grà-daan rorng rêet
telefoon (de)	โทรศัพท์	thoh-rá-sàp
mobieltje (het)	มือถือ	meu thěu
schrijfmachine (de)	เครื่องพิมพ์ดีด	khrêuang phim dèet
naaimachine (de)	จักรเย็บผ้า	jàk yép phâa
microfoon (de)	ไมโครโฟน	mai-khroh-fohn
koptelefoon (de)	หูฟัง	hǒo fang
afstandsbediening (de)	รีโมตทีวี	ree môht thee wee
CD (de)	CD	see-dee
cassette (de)	เทป	thâyp
vinylplaat (de)	จานเสียง	jaan sǐang

MENSELIJKE ACTIVITEITEN

Baan. Business. Deel 1

69. Kantoor. Op kantoor werken

kantoor (het)	สำนักงาน	săm-nák ngaan
kamer (de)	ห้องทำงาน	hôrng tham ngaan
receptie (de)	แผนกต้อนรับ	phà-nàek dtôrn ráp
secretaris (de)	เลขา	lay-khăa
secretaresse (de)	เลขา	lay-khăa
directeur (de)	ผู้อำนวยการ	phôo am-nuay gaan
manager (de)	ผู้จัดการ	phôo jàt gaan
boekhouder (de)	คนทำบัญชี	khon tham ban-chee
werknemer (de)	พนักงาน	phá-nák ngaan
meubilair (het)	เครื่องเรือน	khrêuang reuan
tafel (de)	โต๊ะ	dtó
bureaustoel (de)	เก้าอี้สำนักงาน	gâo-êe săm-nák ngaan
ladeblok (het)	ตู้มีลิ้นชัก	dtôo mee lín chák
kapstok (de)	ไม้แขวนเสื้อ	mái khwăen sêua
computer (de)	คอมพิวเตอร์	khorm-phiw-dtêr
printer (de)	เครื่องพิมพ์	khrêuang phim
fax (de)	เครื่องโทรสาร	khrêuang thoh-rá-săan
kopieerapparaat (het)	เครื่องอัดสำเนา	khrêuang àt săm-nao
papier (het)	กระดาษ	grà-dàat
kantoorartikelen (mv.)	เครื่องใช้สำนักงาน	khrêuang chái săm-nák ngaan
muismat (de)	แผ่นรองเมาส์	phàen rorng mao
blad (het)	ใบ	bai
ordner (de)	แฟ้ม	fáem
catalogus (de)	บัญชีรายชื่อ	ban-chee raai chêu
telefoongids (de)	สมุดโทรศัพท์	sà-mùt thoh-rá-sàp
documentatie (de)	เอกสาร	àyk săan
brochure (de)	โบรชัวร์	broh-chua
flyer (de)	ใบปลิว	bai bpliw
monster (het), staal (de)	ตัวอย่าง	dtua yàang
training (de)	การประชุมฝึกอบรม	gaan bprà-chum fèuk òp-rom
vergadering (de)	การประชุม	gaan bprà-chum
lunchpauze (de)	การพักเที่ยง	gaan phák thîang
een kopie maken	ทำสำเนา	tham săm-nao
de kopieën maken	ทำสำเนาหลายฉบับ	tham săm-nao lăai chà-bàp
een fax ontvangen	รับโทรสาร	ráp thoh-rá-săan

een fax versturen	ส่งโทรสาร	sòng thoh-rá-săan
opbellen (ww)	โทรศัพท์	thoh-rá-sàp
antwoorden (ww)	รับสาย	ráp săai
doorverbinden (ww)	โอนสาย	ohn săai
afspreken (ww)	นัด	nát
demonstreren (ww)	สาธิต	săa-thít
absent zijn (ww)	ขาด	khàat
afwezigheid (de)	การขาด	gaan khàat

70. Bedrijfsprocessen. Deel 1

bedrijf (business)	ธุรกิจ	thú-rá gìt
zaak (de), beroep (het)	อาชีพ	aa-chêep
firma (de)	บริษัท	bor-rí-sàt
bedrijf (maatschap)	บริษัท	bor-rí-sàt
corporatie (de)	บริษัท	bor-rí-sàt
onderneming (de)	บริษัท	bor-rí-sàt
agentschap (het)	สำนักงาน	săm-nák ngaan
overeenkomst (de)	ข้อตกลง	khôr dtòk long
contract (het)	สัญญา	săn-yaa
transactie (de)	ข้อตกลง	khôr dtòk long
bestelling (de)	การสั่ง	gaan sàng
voorwaarde (de)	เงื่อนไข	ngêuan khăi
in het groot (bw)	ขายส่ง	khăai sòng
groothandels- (abn)	ขายส่ง	khăai sòng
groothandel (de)	การขายส่ง	gaan khăai sòng
kleinhandels- (abn)	ขายปลีก	khăai bplèek
kleinhandel (de)	การขายปลีก	gaan khăai bplèek
concurrent (de)	คู่แข่ง	khôo khàeng
concurrentie (de)	การแข่งขัน	gaan khàeng khăn
concurreren (ww)	แข่งขัน	khàeng khăn
partner (de)	พันธมิตร	phan-thá-mít
partnerschap (het)	หางหุ้นส่วน	hâang hûn sùan
crisis (de)	วิกฤติ	wí-grìt
bankroet (het)	การล้มละลาย	gaan lóm lá-laai
bankroet gaan (ww)	ล้มละลาย	lóm lá-laai
moeilijkheid (de)	ความยากลำบาก	khwaam yâak lam-bàak
probleem (het)	ปัญหา	bpan-hăa
catastrofe (de)	ความหายนะ	khwaam hăa-yá-ná
economie (de)	เศรษฐกิจ	sàyt-thà-gìt
economisch (bn)	ทางเศรษฐกิจ	thaang sàyt-thà-gìt
economische recessie (de)	เศรษฐกิจถดถอย	sàyt-thà-gìt thòt thŏi
doel (het)	เป้าหมาย	bpâo măai
taak (de)	งาน	ngaan
handelen (handel drijven)	แลกเปลี่ยน	lâek bplìan

netwerk (het)	เครือข่าย	khreua khàai
voorraad (de)	คลังสินค้า	khlang sĭn kháa
assortiment (het)	ประเภทสินค้าต่างๆ	bprà-phâyt sĭn kháa dtàang dtàang

leider (de)	ผู้นำ	phôo nam
groot (bn)	ขนาดใหญ่	khà-nàat yài
monopolie (het)	การผูกขาด	gaan phòok khàat

theorie (de)	ทฤษฎี	thrít-sà-dee
praktijk (de)	การดำเนินการ	gaan dam-nern gaan
ervaring (de)	ประสบการณ์	bprà-sòp gaan
tendentie (de)	แนวโน้ม	naew nóhm
ontwikkeling (de)	การพัฒนา	gaan phát-thá-naa

71. Bedrijfsprocessen. Deel 2

| voordeel (het) | กำไร | gam-rai |
| voordelig (bn) | กำไร | gam-rai |

delegatie (de)	คณะผู้แทน	khá-ná phôo thaen
salaris (het)	เงินเดือน	ngern deuan
corrigeren (fouten ~)	แก้ไข	gâe khăi
zakenreis (de)	การเดินทางไปทำธุรกิจ	gaan dern taang bpai tham thú-rá gìt
commissie (de)	คณะ	khá-ná

controleren (ww)	ควบคุม	khûap khum
conferentie (de)	งานประชุม	ngaan bprà-chum
licentie (de)	ใบอนุญาต	bai a-nú-yâat
betrouwbaar (partner, enz.)	พึ่งพาได้	phêung phaa dâai

aanzet (de)	การริเริ่ม	gaan rí-rêrm
norm (bijv. ~ stellen)	มาตรฐาน	mâat-dtrà-thăan
omstandigheid (de)	ภาวะ	phaa-wá
taak, plicht (de)	หน้าที่	nâa thêe

organisatie (bedrijf, zaak)	องค์การ	ong gaan
organisatie (proces)	การจัด	gaan jàt
georganiseerd (bn)	ที่ถูกจัด	thêe thòok jàt
afzegging (de)	การยกเลิก	gaan yók lêrk
afzeggen (ww)	ยกเลิก	yók lêrk
verslag (het)	รายงาน	raai ngaan

patent (het)	สิทธิบัตร	sìt-thí bàt
patenteren (ww)	จดสิทธิบัตร	jòt sìt-thí bàt
plannen (ww)	วางแผน	waang phăen

premie (de)	โบนัส	boh-nát
professioneel (bn)	ทางวิชาชีพ	thaang wí-chaa chêep
procedure (de)	กระบวนการ	grà-buan gaan

| onderzoeken (contract, enz.) | ปรึกษาหารือ | bprèuk-săa hăa-reu |
| berekening (de) | การนับ | gaan náp |

reputatie (de)	ความมีหน้ามีตา	khwaam mee nâa mee dtaa
risico (het)	ความเสี่ยง	khwaam sìang
beheren (managen)	บริหาร	bor-rí-hǎan
informatie (de)	ขอมูล	khôr moon
eigendom (bezit)	ทรัพย์สิน	sáp sǐn
unie (de)	สหภาพ	sà-hà phâap
levensverzekering (de)	การประกันชีวิต	gaan bprà-gan chee-wít
verzekeren (ww)	ประกันภัย	bprà-gan phai
verzekering (de)	การประกันภัย	gaan bprà-gan phai
veiling (de)	การขายเลหลัง	gaan khǎai lay-lǎng
verwittigen (ww)	แจง	jâeng
beheer (het)	การบริหาร	gaan bor-rí-hǎan
dienst (de)	บริการ	bor-rí-gaan
forum (het)	การประชุมฟอรั่ม	gaan bprà-chum for-râm
functioneren (ww)	ดำเนินการ	dam-nern gaan
stap, etappe (de)	ขั้น	khân
juridisch (bn)	ทางกฎหมาย	thaang gòt mǎai
jurist (de)	ทนายความ	thá-naai khwaam

72. Productie. Werken

industriële installatie (fabriek)	โรงงาน	rohng ngaan
fabriek (de)	โรงงาน	rohng ngaan
werkplaatsruimte (de)	หองทำงาน	hôrng tham ngaan
productielocatie (de)	ที่ผลิต	thêe phà-lìt
industrie (de)	อุตสาหกรรม	ùt-saa há-gam
industrieel (bn)	ทางอุตสาหกรรม	thaang ùt-sǎa-hà-gam
zware industrie (de)	อุตสาหกรรมหนัก	ùt-sǎa-hà-gam nàk
lichte industrie (de)	อุตสาหกรรมเบา	ùt-sǎa-hà-gam bao
productie (de)	ผลิตภัณฑ์	phà-lìt-dtà-phan
produceren (ww)	ผลิต	phà-lìt
grondstof (de)	วัตถุดิบ	wát-thù dìp
voorman, ploegbaas (de)	คนคุมงาน	khon khum ngaan
ploeg (de)	ทีมคนงาน	theem khon ngaan
arbeider (de)	คนงาน	khon ngaan
werkdag (de)	วันทำงาน	wan tham ngaan
pauze (de)	หยุดพัก	yùt phák
samenkomst (de)	การประชุม	gaan bprà-chum
bespreken (spreken over)	หารือ	hǎa-reu
plan (het)	แผน	phǎen
het plan uitvoeren	ทำตามแผน	tham dtaam phǎen
productienorm (de)	อัตราผลลัพธ์	àt-dtraa phǒn láp
kwaliteit (de)	คุณภาพ	khun-ná-phâap
controle (de)	การควบคุม	gaan khûap khum
kwaliteitscontrole (de)	การควบคุมคุณภาพ	gaan khûap khum khun-ná-phâap

arbeidsveiligheid (de)	ความปลอดภัยในที่ทำงาน	khwaam bplòrt phai nai thêe tham ngaan
discipline (de)	วินัย	wí-nai
overtreding (de)	การละเมิด	gaan lá-mêrt
overtreden (ww)	ละเมิด	lá-mêrt
staking (de)	การประท้วงหยุดงาน	gaan bprà-thúang yùt ngaan
staker (de)	ผู้ประท้วงหยุดงาน	phôo bprà-thúang yùt ngaan
staken (ww)	ประท้วงหยุดงาน	bprà-thúang yùt ngaan
vakbond (de)	สหภาพแรงงาน	sà-hà-phâap raeng ngaan
uitvinden (machine, enz.)	ประดิษฐ์	bprà-dìt
uitvinding (de)	สิ่งประดิษฐ์	sìng bprà-dìt
onderzoek (het)	การวิจัย	gaan wí-jai
verbeteren (beter maken)	ทำให้ดีขึ้น	tham hâi dee khêun
technologie (de)	เทคโนโลยี	thék-noh-loh-yee
technische tekening (de)	ภาพร่างทางเทคนิค	phâap-râang thaang thék-nìk
vracht (de)	ของบรรทุก	khŏrng ban-thúk
lader (de)	คนงานยกของ	khon ngaan yók khŏrng
laden (vrachtwagen)	บรรทุก	ban-thúk
laden (het)	การบรรทุก	gaan ban-thúk
lossen (ww)	ขนออก	khŏn òrk
lossen (het)	การขนออก	gaan khŏn òrk
transport (het)	การขนส่ง	gaan khŏn sòng
transportbedrijf (de)	บริษัทขนส่ง	bor-rí-sàt khŏn sòng
transporteren (ww)	ขนส่ง	khŏn sòng
goederenwagon (de)	ตู้รถไฟรถ	dtôo rót fai
tank (bijv. ketelwagen)	ถัง	thăng
vrachtwagen (de)	รถบรรทุก	rót ban-thúk
machine (de)	เครื่องมือกล	khrêuang meu gon
mechanisme (het)	กลไก	gon-gai
industrieel afval (het)	ของเสียจากโรงงาน	khŏrng sĭa jàak rohng ngaan
verpakking (de)	การทำหีบห่อ	gaan tham hèep hòr
verpakken (ww)	แพ็คหีบห่อ	pháek hèep hòr

73. Contract. Overeenstemming

contract (het)	สัญญา	săn-yaa
overeenkomst (de)	ข้อตกลง	khôr dtòk long
bijlage (de)	ภาคผนวก	phâak phà-nùak
een contract sluiten	ลงนามในสัญญา	long naam nai săn-yaa
handtekening (de)	ลายมือชื่อ	laai meu chêu
ondertekenen (ww)	ลงนาม	long naam
stempel (de)	ตราประทับ	dtraa bprà-tháp
voorwerp (het) van de overeenkomst	หัวข้อของสัญญา	hŭa khôr khŏrng săn-yaa
clausule (de)	ข้อ	khôr

partijen (mv.)	ฝ่าย	fàai
vestigingsadres (het)	ที่อยู่ตามกฎหมาย	thêe yòo dtaam gòt măai
het contract verbreken (overtreden)	การละเมิดสัญญา	gaan lá-mêrt săn-yaa
verplichting (de)	พันธสัญญา	phan-thá-săn-yaa
verantwoordelijkheid (de)	ความรับผิดชอบ	khwaam ráp phìt chôp
overmacht (de)	เหตุสุดวิสัย	hàyt sùt wí-săi
geschil (het)	ความขัดแย้ง	khwaam khàt yáeng
sancties (mv.)	บทลงโทษ	bòt long thôht

74. Import & Export

import (de)	การนำเข้า	gaan nam khâo
importeur (de)	ผู้นำเข้า	phôo nam khâo
importeren (ww)	นำเข้า	nam khâo
import- (abn)	นำเข้า	nam khâo
uitvoer (export)	การส่งออก	gaan sòng òrk
exporteur (de)	ผู้ส่งออก	phôo sòng òrk
exporteren (ww)	ส่งออก	sòng òrk
uitvoer- (bijv., ~goederen)	ส่งออก	sòng òrk
goederen (mv.)	สินค้า	sĭn kháa
partij (de)	สินค้าที่ส่งไป	sĭn kháa thêe sòng bpai
gewicht (het)	น้ำหนัก	nám nàk
volume (het)	ปริมาณ	bpà-rí-maan
kubieke meter (de)	ลูกบาศก์เมตร	lôok bàat máyt
producent (de)	ผู้ผลิต	phôo phà-lìt
transportbedrijf (de)	บริษัทขนส่ง	bor-rí-sàt khŏn sòng
container (de)	ตู้คอนเทนเนอร์	dtôo khorn thay ná-ner
grens (de)	ชายแดน	chaai daen
douane (de)	ด่านศุลกากร	dàan sŭn-lá-gaa-gon
douanerecht (het)	ภาษีศุลกากร	phaa-sĕe sŭn-lá-gaa-gon
douanier (de)	เจ้าหน้าที่ศุลกากร	jâo nâa-thêe sŭn-lá-gaa-gon
smokkelen (het)	การลักลอบ	gaan lák-lôrp
smokkelwaar (de)	สินค้าที่ผิดกฎหมาย	sĭn kháa thêe phìt gòt măai

75. Financiën

aandeel (het)	หุ้น	hûn
obligatie (de)	ตราสารหนี้	dtraa săan nêe
wissel (de)	ตั๋วสัญญาใช้เงิน	dtŭa săn-yaa chái ngern
beurs (de)	ตลาดหลักทรัพย์	dtà-làat làk sáp
aandelenkoers (de)	ราคาหุ้น	raa-khaa hûn
dalen (ww)	ถูกลง	thòok long
stijgen (ww)	แพงขึ้น	phaeng khêun

deel (het)	ปันผล	bpan phǒn
meerderheidsbelang (het)	ส่วนได้เสียที่ มีอำนาจควบคุม	sùan dâai sǐa têe mee am-nâat khûap khum
investeringen (mv.)	การลงทุน	gaan long thun
investeren (ww)	ลงทุน	long thun
procent (het)	เปอร์เซ็นต์	bper-sen
rente (de)	ดอกเบี้ย	dòrk bîa
winst (de)	กำไร	gam-rai
winstgevend (bn)	ได้กำไร	dâai gam-rai
belasting (de)	ภาษี	phaa-sěe
valuta (vreemde ~)	สกุลเงิน	sà-gun ngern
nationaal (bn)	แห่งชาติ	hàeng châat
ruil (de)	การแลกเปลี่ยน	gaan lâek bplìan
boekhouder (de)	นักบัญชี	nák ban-chee
boekhouding (de)	การทำบัญชี	gaan tham ban-chee
bankroet (het)	การล้มละลาย	gaan lóm lá-laai
ondergang (de)	การพังพินาศ	gaan phang phí-nâat
faillissement (het)	ความพินาศ	khwaam phí-nâat
geruïneerd zijn (ww)	ล้มละลาย	lóm lá-laai
inflatie (de)	เงินเฟ้อ	ngern fér
devaluatie (de)	การลดค่าเงิน	gaan lót khâa ngern
kapitaal (het)	เงินทุน	ngern thun
inkomen (het)	รายได้	raai dâai
omzet (de)	การหมุนเวียน	gaan mǔn wian
middelen (mv.)	ทรัพยากร	sáp-pá-yaa-gon
financiële middelen (mv.)	แหล่งเงินทุน	làeng ngern thun
operationele kosten (mv.)	ค่าใช้จ่าย	khâa chái jàai
reduceren (kosten ~)	ลด	lót

76. Marketing

marketing (de)	การตลาด	gaan dtà-làat
markt (de)	ตลาด	dtà-làat
marktsegment (het)	ส่วนตลาด	sùan dtà-làat
product (het)	ผลิตภัณฑ์	phà-lìt-dtà-phan
goederen (mv.)	สินค้า	sǐn kháa
merk (het)	ยี่ห้อ	yêe hôr
handelsmerk (het)	เครื่องหมายการค้า	khrêuang mǎai gaan kháa
beeldmerk (het)	โลโก้	loh-gôh
logo (het)	โลโก้	loh-gôh
vraag (de)	อุปสงค์	u-bpà-sǒng
aanbod (het)	อุปทาน	u-bpà-thaan
behoefte (de)	ความต้องการ	khwaam dtôrng gaan
consument (de)	ผู้บริโภค	phôo bor-rí-phôhk
analyse (de)	การวิเคราะห์	gaan wí-khrór

analyseren (ww)	วิเคราะห์	wí-khrór
positionering (de)	การวางตำแหน่งผลิตภัณฑ์	gaan waang dtam-nàeng phà-lìt-dtà-phan
positioneren (ww)	วางตำแหน่งผลิตภัณฑ์	waang dtam-nàeng phà-lìt-dtà-phan
prijs (de)	ราคา	raa-khaa
prijspolitiek (de)	นโยบายการตั้งราคา	ná-yoh-baai gaan dtâng raa-khaa
prijsvorming (de)	การตั้งราคา	gaan dtâng raa-khaa

77. Reclame

reclame (de)	การโฆษณา	gaan khôht-sà-naa
adverteren (ww)	โฆษณา	khôht-sà-naa
budget (het)	งบประมาณ	ngóp bprà-maan
advertentie, reclame (de)	การโฆษณา	gaan khôht-sà-naa
TV-reclame (de)	การโฆษณาทางทีวี	gaan khôht-sà-naa thaang thee wee
radioreclame (de)	การโฆษณาทางวิทยุ	gaan khôht-sà-naa thaang wít-thá-yú
buitenreclame (de)	การโฆษณาแบบกลางแจ้ง	gaan khôht-sà-naa bàep glaang jâeng
massamedia (de)	สื่อสารมวลชน	sèu săan muan chon
periodiek (de)	หนังสือรายคาบ	năng-sĕu raai khâap
imago (het)	ภาพลักษณ์	phâap-lák
slagzin (de)	คำขวัญ	kham khwăn
motto (het)	คติพจน์	khá-dtì phót
campagne (de)	การรณรงค์	gaan ron-ná-rorng
reclamecampagne (de)	การรณรงค์โฆษณา	gaan ron-ná-rorng khôht-sà-naa
doelpubliek (het)	กลุ่มเป้าหมาย	glùm bpâo-măai
visitekaartje (het)	นามบัตร	naam bàt
flyer (de)	ใบปลิว	bai bpliw
brochure (de)	โบรชัวร์	broh-chua
folder (de)	แผนพับ	phàen pháp
nieuwsbrief (de)	จดหมายข่าว	jòt măai khàao
gevelreclame (de)	ป้ายร้าน	bpâai ráan
poster (de)	โปสเตอร์	bpòht-dtêr
aanplakbord (het)	กระดานปิดประกาศโฆษณา	grà-daan bpìt bprà-gàat khôht-sà-naa

78. Bankieren

bank (de)	ธนาคาร	thá-naa-khaan
bankfiliaal (het)	สาขา	săa-khăa

bankbediende (de)	พนักงานธนาคาร	phá-nák ngaan thá-naa-khaan
manager (de)	ผู้จัดการ	phôo jàt gaan
bankrekening (de)	บัญชีธนาคาร	ban-chee thá-naa-kaan
rekeningnummer (het)	หมายเลขบัญชี	măai lâyk ban-chee
lopende rekening (de)	กระแสรายวัน	grà-săe raai wan
spaarrekening (de)	บัญชีออมทรัพย์	ban-chee orm sáp
een rekening openen	เปิดบัญชี	bpèrt ban-chee
de rekening sluiten	ปิดบัญชี	bpìt ban-chee
op rekening storten	ฝากเงินเข้าบัญชี	fàak ngern khâo ban-chee
opnemen (ww)	ถอน	thŏrn
storting (de)	การฝาก	gaan fàak
een storting maken	ฝาก	fàak
overschrijving (de)	การโอนเงิน	gaan ohn ngern
een overschrijving maken	โอนเงิน	ohn ngern
som (de)	จำนวนเงินรวม	jam-nuan ngern ruam
Hoeveel?	เท่าไหร่?	thâo rài
handtekening (de)	ลายมือชื่อ	laai meu chêu
ondertekenen (ww)	ลงนาม	long naam
kredietkaart (de)	บัตรเครดิต	bàt khray-dìt
code (de)	รหัส	rá-hàt
kredietkaartnummer (het)	หมายเลขบัตรเครดิต	măai lâyk bàt khray-dìt
geldautomaat (de)	เอทีเอ็ม	ay-thee-em
cheque (de)	เช็ค	chék
een cheque uitschrijven	เขียนเช็ค	khĭan chék
chequeboekje (het)	สมุดเช็ค	sà-mùt chék
lening, krediet (de)	เงินกู้	ngern gôo
een lening aanvragen	ขอสินเชื่อ	khŏr sĭn chêua
een lening nemen	กู้เงิน	gôo ngern
een lening verlenen	ให้กู้เงิน	hâi gôo ngern
garantie (de)	การรับประกัน	gaan ráp bprà-gan

79. Telefoon. Telefoongesprek

telefoon (de)	โทรศัพท์	thoh-rá-sàp
mobieltje (het)	มือถือ	meu thĕu
antwoordapparaat (het)	เครื่องพูดตอบ	khrêuang phôot dtòp
bellen (ww)	โทรศัพท์	thoh-rá-sàp
belletje (telefoontje)	การโทรศัพท์	gaan thoh-rá-sàp
een nummer draaien	หมุนหมายเลขโทรศัพท์	mŭn măai lâyk thoh-rá-sàp
Hallo!	สวัสดี!	sà-wàt-dee
vragen (ww)	ถาม	thăam
antwoorden (ww)	รับสาย	ráp săai
horen (ww)	ได้ยิน	dâai yin

goed (bw)	ดี	dee
slecht (bw)	ไม่ดี	mâi dee
storingen (mv.)	เสียงรบกวน	sĭang róp guan
hoorn (de)	ตัวรับสัญญาณ	dtua ráp săn-yaan
opnemen (ww)	รับสาย	ráp săai
ophangen (ww)	วางสาย	waang săai
bezet (bn)	ไม่ว่าง	mâi wâang
overgaan (ww)	ดัง	dang
telefoonboek (het)	สมุดโทรศัพท์	sà-mùt thoh-rá-sàp
lokaal (bn)	ในประเทศ	nai bprà-thâyt
lokaal gesprek (het)	โทรในประเทศ	thoh nai bprà-thâyt
interlokaal (bn)	ระยะไกล	rá-yá glai
interlokaal gesprek (het)	โทรระยะไกล	thoh-rá-yá glai
buitenlands (bn)	ต่างประเทศ	dtàang bprà-thâyt
buitenlands gesprek (het)	โทรต่างประเทศ	thoh dtàang bprà-thâyt

80. Mobiele telefoon

mobieltje (het)	มือถือ	meu thĕu
scherm (het)	หน้าจอ	nâa jor
toets, knop (de)	ปุ่ม	bpùm
simkaart (de)	ซิมการ์ด	sím gàat
batterij (de)	แบตเตอรี่	bàet-dter-rêe
leeg zijn (ww)	หมด	mòt
acculader (de)	ที่ชาร์จ	thêe châat
menu (het)	เมนู	may-noo
instellingen (mv.)	การตั้งค่า	gaan dtâng khâa
melodie (beltoon)	เสียงเพลง	sĭang phlayng
selecteren (ww)	เลือก	lêuak
rekenmachine (de)	เครื่องคิดเลข	khrêuang khít lâyk
voicemail (de)	ขอความเสียง	khŏr khwaam sĭang
wekker (de)	นาฬิกาปลุก	naa-lí-gaa bplùk
contacten (mv.)	รายชื่อผู้ติดต่อ	raai chêu phôo dtìt dtòr
SMS-bericht (het)	SMS	es-e-mes
abonnee (de)	ผู้สมัครรับบริการ	phôo sà-màk ráp bor-rí-gaan

81. Schrijfbehoeften

balpen (de)	ปากกาลูกลื่น	bpàak gaa lôok lêun
vulpen (de)	ปากกาหมึกซึม	bpàak gaa mèuk seum
potlood (het)	ดินสอ	din-sŏr
marker (de)	ปากกาเน้น	bpàak gaa náyn
viltstift (de)	ปากกาเมจิค	bpàak gaa may jìk
notitieboekje (het)	สมุดจด	sà-mùt jòt

agenda (boekje)	สมุดบันทึกรายวัน	sà-mùt ban-théuk raai wan
liniaal (de/het)	ไม้บรรทัด	máai ban-thát
rekenmachine (de)	เครื่องคิดเลข	khrêuang khít lâyk
gom (de)	ยางลบ	yaang lóp
punaise (de)	เป๊ก	bpáyk
paperclip (de)	ลวดหนีบกระดาษ	lûat nèep grà-dàat
lijm (de)	กาว	gaao
nietmachine (de)	ที่เย็บกระดาษ	thêe yép grà-dàat
perforator (de)	ที่เจาะรูกระดาษ	thêe jòr roo grà-dàat
potloodslijper (de)	ที่เหลาดินสอ	thêe lăo din-sŏr

82. Soorten bedrijven

boekhouddiensten (mv.)	บริการทำบัญชี	bor-rí-gaan tham ban-chee
reclame (de)	การโฆษณา	gaan khôht-sà-naa
reclamebureau (het)	บริษัทโฆษณา	bor-rí-sàt khôht-sà-naa
airconditioning (de)	เครื่องปรับอากาศ	khrêuang bpràp-aa-gàat
luchtvaartmaatschappij (de)	สายการบิน	săai gaan bin
alcoholische dranken (mv.)	เครื่องดื่มแอลกอฮอล์	khrêuang dèum aen-gor-hor
antiek (het)	ของเก่า	khŏrng gào
kunstgalerie (de)	หอศิลป์	hŏr sĭn
audit diensten (mv.)	บริการตรวจสอบบัญชี	bor-rí-gaan dtrùat sòrp ban-chee
banken (mv.)	การธนาคาร	gaan thá-naa-khaan
bar (de)	บาร์	baa
schoonheidssalon (de/het)	ช่างเสริมสวย	châang sĕrm sŭay
boekhandel (de)	ร้านขายหนังสือ	ráan khăai năng-sĕu
bierbrouwerij (de)	โรงงานต้มเหล้า	rohng ngaan dtôm lâu
zakencentrum (het)	ศูนย์ธุรกิจ	sŏon thú-rá gìt
business school (de)	โรงเรียนธุรกิจ	rohng rian thú-rá gìt
casino (het)	คาสิโน	khaa-sì-noh
bouwbedrijven (mv.)	การก่อสร้าง	gaan gòr sâang
adviesbureau (het)	การปรึกษา	gaan bprèuk-săa
tandheelkunde (de)	คลินิกทันตกรรม	khlí-nìk than-ta-gam
design (het)	การออกแบบ	gaan òrk bàep
apotheek (de)	ร้านขายยา	ráan khăai yaa
stomerij (de)	ร้านซักแห้ง	ráan sák hâeng
uitzendbureau (het)	สำนักงานจัดหางาน	săm-nák ngaan jàt hăa ngaan
financiële diensten (mv.)	บริการด้านการเงิน	bor-rí-gaan dâan gaan ngern
voedingswaren (mv.)	ผลิตภัณฑ์อาหาร	phà-lìt-dtà-phan aa hăan
uitvaartcentrum (het)	บริษัทรับจัดงานศพ	bor-rí-sàt ráp jàt ngaan sòp
meubilair (het)	เครื่องเรือน	khrêuang reuan
kleding (de)	เสื้อผ้า	sêua phâa
hotel (het)	โรงแรม	rohng raem
ijsje (het)	ไอศกรีม	ai-sà-greem
industrie (de)	อุตสาหกรรม	út-saa há-gam

verzekering (de)	การประกัน	gaan bprà-gan
Internet (het)	อินเทอร์เน็ต	in-thêr-nét
investeringen (mv.)	การลงทุน	gaan long thun
juwelier (de)	ช่างทำเครื่องเพชรพลอย	châang tham khrêuang phét phloi
juwelen (mv.)	เครื่องเพชรพลอย	khrêuang phét phloi
wasserette (de)	โรงซักรีดผ้า	rohng sák rêet phâa
juridische diensten (mv.)	คนที่ปรึกษาทางกฎหมาย	khon thêe bprèuk-sǎa thaang gòt mǎai
lichte industrie (de)	อุตสาหกรรมเบา	ùt-sǎa-hà-gam bao
tijdschrift (het)	นิตยสาร	nít-dtà-yá-sǎan
postorderbedrijven (mv.)	การขายสินค้าทางไปรษณีย์	gaan khǎai sǐn kháa thaang bprai-sà-nee
medicijnen (mv.)	การแพทย์	gaan phâet
bioscoop (de)	โรงภาพยนตร์	rohng phâap-phá-yon
museum (het)	พิพิธภัณฑ์	phí-phítha phan
persbureau (het)	สำนักข่าว	sǎm-nák khàao
krant (de)	หนังสือพิมพ์	nǎng-sěu phim
nachtclub (de)	ไนท์คลับ	nai-khláp
olie (aardolie)	น้ำมัน	nám man
koerierdienst (de)	บริการจัดส่ง	bor-rí-gaan jàt sòng
farmacie (de)	เภสัชกรรม	phay-sàt-cha -gam
drukkerij (de)	สิ่งพิมพ์	sìng phim
uitgeverij (de)	สำนักพิมพ์	sǎm-nák phim
radio (de)	วิทยุ	wít-thá-yú
vastgoed (het)	อสังหาริมทรัพย์	a-sǎng-hǎa-rim-má-sáp
restaurant (het)	ร้านอาหาร	ráan aa-hǎan
bewakingsfirma (de)	บริษัทรักษาความปลอดภัย	bor-rí-sàt rák-sǎa khwaam bplòrt phai
sport (de)	กีฬา	gee-laa
handelsbeurs (de)	ตลาดหลักทรัพย์	dtà-làat làk sáp
winkel (de)	ร้านค้า	ráan kháa
supermarkt (de)	ซูเปอร์มาร์เก็ต	soo-bper-maa-gèt
zwembad (het)	สระว่ายน้ำ	sà wâai náam
naaiatelier (het)	ร้านตัดเสื้อ	ráan dtàt sêua
televisie (de)	โทรทัศน์	thoh-rá-thát
theater (het)	โรงละคร	rohng lá-khon
handel (de)	การค้าขาย	gaan kháa kǎai
transport (het)	การขนส่ง	gaan khǒn sòng
toerisme (het)	การท่องเที่ยว	gaan thôrng thîeow
dierenarts (de)	สัตวแพทย์	sàt phâet
magazijn (het)	โกดังเก็บสินค้า	goh-dang gèp sǐn kháa
afvalinzameling (de)	การเก็บขยะ	gaan gèp khà-yà

Baan. Business. Deel 2

83. Show. Tentoonstelling

beurs (de)	งานแสดง	ngaan sà-daeng
vakbeurs, handelsbeurs (de)	งานแสดงสินค้า	ngaan sà-daeng sĭn kháa
deelneming (de)	การเข้าร่วม	gaan khâo rûam
deelnemen (ww)	เข้าร่วมใน	khâo rûam nai
deelnemer (de)	ผู้เข้าร่วม	phôo khâo rûam
directeur (de)	ผู้อำนวยการ	phôo am-nuay gaan
organisatiecomité (het)	สำนักงานผู้จัด	săm-nák ngaan phôo jàt
organisator (de)	ผู้จัด	phôo jàt
organiseren (ww)	จัด	jàt
deelnemingsaanvraag (de)	แบบฟอร์มลงทะเบียน	bàep form long thá-bian
invullen (een formulier ~)	กรอก	gròrk
details (mv.)	รายละเอียด	raai lá-ìat
informatie (de)	ข้อมูล	khôr moon
prijs (de)	ราคา	raa-khaa
inclusief (bijv. ~ BTW)	รวมถึง	ruam thĕung
inbegrepen (alles ~)	รวม	ruam
betalen (ww)	จ่าย	jàai
registratietarief (het)	ค่าลงทะเบียน	khâa long thá-bian
ingang (de)	ทางเข้า	thaang khâo
paviljoen (het), hal (de)	ศาลา	săa-laa
registreren (ww)	ลงทะเบียน	long thá-bian
badge, kaart (de)	ป้ายชื่อ	bpâai chêu
beursstand (de)	บูธแสดงสินค้า	bòot sà-daeng sĭn kháa
reserveren (een stand ~)	จอง	jorng
vitrine (de)	ตู้โชว์สินค้า	dtôo choh sĭn kháa
licht (het)	ไฟรวมแสงบนเวที	fai ruam săeng bon way-thee
design (het)	การออกแบบ	gaan òrk bàep
plaatsen (ww)	วาง	waang
geplaatst zijn (ww)	ถูกตั้ง	thòok dtâng
distributeur (de)	ผู้จัดจำหน่าย	phôo jàt jam-nàai
leverancier (de)	ผู้จัดหา	phôo jàt hăa
leveren (ww)	จัดหา	jàt hăa
land (het)	ประเทศ	bprà-thâyt
buitenlands (bn)	ต่างชาติ	dtàang châat
product (het)	ผลิตภัณฑ์	phà-lìt-dtà-phan
associatie (de)	สมาคม	sà-maa khom
conferentiezaal (de)	ห้องประชุม	hôrng bprà-chum

| congres (het) | การประชุม | gaan bprà-chum |
| wedstrijd (de) | การแข่งขัน | gaan khàeng khǎn |

bezoeker (de)	ผู้เข้าร่วม	phôo khâo rûam
bezoeken (ww)	เข้าร่วม	khâo rûam
afnemer (de)	ลูกค้า	lôok kháa

84. Wetenschap. Onderzoek. Wetenschappers

wetenschap (de)	วิทยาศาสตร์	wít-thá-yaa sàat
wetenschappelijk (bn)	ทางวิทยาศาสตร์	thaang wít-thá-yaa sàat
wetenschapper (de)	นักวิทยาศาสตร์	nák wít-thá-yaa sàat
theorie (de)	ทฤษฎี	thrít-sà-dee

axioma (het)	สัจพจน์	sàt-jà-phót
analyse (de)	การวิเคราะห์	gaan wí-khrór
analyseren (ww)	วิเคราะห์	wí-khrór
argument (het)	ข้อโต้แย้ง	khôr dtôh yáeng
substantie (de)	สาร	sǎan

hypothese (de)	สมมติฐาน	sǒm-mút thǎan
dilemma (het)	โจทย์	jòht
dissertatie (de)	ปริญญานิพนธ์	bpà-rin-yaa ní-phon
dogma (het)	หลัก	làk

doctrine (de)	หลักคำสอน	làk kham sǒrn
onderzoek (het)	การวิจัย	gaan wí-jai
onderzoeken (ww)	วิจัย	wí-jai
toetsing (de)	การควบคุม	gaan khûap khum
laboratorium (het)	ห้องทดลอง	hôrng thót lorng

methode (de)	วิธี	wí-thee
molecule (de/het)	โมเลกุล	moh-lay-gun
monitoring (de)	การเฝ้าสังเกต	gaan fâo sǎng-gàyt
ontdekking (de)	การค้นพบ	gaan khón phóp

postulaat (het)	สัจพจน์	sàt-jà-phót
principe (het)	หลักการ	làk gaan
voorspelling (de)	การคาดการณ์	gaan khâat gaan
een prognose maken	คาดการณ์	khâat gaan

synthese (de)	การสังเคราะห์	gaan sǎng-khrór
tendentie (de)	แนวโน้ม	naew nóhm
theorema (het)	ทฤษฎีบท	thrít-sà-dee bòt

leerstellingen (mv.)	คำสอน	kham sǒrn
feit (het)	ข้อเท็จจริง	khôr thét jing
expeditie (de)	การสำรวจ	gaan sǎm-rùat
experiment (het)	การทดลอง	gaan thót lorng

academicus (de)	นักวิชาการ	nák wí-chaa gaan
bachelor (bijv. BA, LLB)	บัณฑิต	ban-dìt
doctor (de)	ดุษฎีบัณฑิต	dùt-sà-dee ban-dìt
universitair docent (de)	รองศาสตราจารย์	rorng sàat-sà-dtraa-jaan

master, magister (de)	มหาบัณฑิต	má-hǎa ban-dìt
professor (de)	ศาสตราจารย์	sàat-sà-dtraa-jaan

Beroepen en ambachten

85. Zoeken naar werk. Ontslag

baan (de)	งาน	ngaan
werknemers (mv.)	พนักงาน	phá-nák ngaan
personeel (het)	พนักงาน	phá-nák ngaan
carrière (de)	อาชีพ	aa-chêep
vooruitzichten (mv.)	โอกาส	oh-gàat
meesterschap (het)	ทักษะ	thák-sà
keuze (de)	การคัดเลือก	gaan khát lêuak
uitzendbureau (het)	สำนักงานจัดหางาน	sǎm-nák ngaan jàt hǎa ngaan
CV, curriculum vitae (het)	ประวัติย่อ	bprà-wàt yôr
sollicitatiegesprek (het)	สัมภาษณ์งาน	sǎm-phâat ngaan
vacature (de)	ตำแหน่งว่าง	dtam-nàeng wâang
salaris (het)	เงินเดือน	ngern deuan
vaste salaris (het)	เงินเดือน	ngern deuan
loon (het)	ค่าแรง	khâa raeng
betrekking (de)	ตำแหน่ง	dtam-nàeng
taak, plicht (de)	หน้าที่	nâa thêe
takenpakket (het)	หน้าที่	nâa thêe
bezig (~ zijn)	ไม่ว่าง	mâi wâang
ontslagen (ww)	ไล่ออก	lâi òrk
ontslag (het)	การไล่ออก	gaan lâi òrk
werkloosheid (de)	การว่างงาน	gaan wâang ngaan
werkloze (de)	คนว่างงาน	khon wâang ngaan
pensioen (het)	การเกษียณอายุ	gaan gà-sǐan aa-yú
met pensioen gaan	เกษียณ	gà-sǐan

86. Zakenmensen

directeur (de)	ผู้อำนวยการ	phôo am-nuay gaan
beheerder (de)	ผู้จัดการ	phôo jàt gaan
hoofd (het)	หัวหน้า	hǔa-nâa
baas (de)	ผู้บังคับบัญชา	phôo bang-kháp ban-chaa
superieuren (mv.)	คณะผู้บังคับบัญชา	khá-ná phôo bang-kháp ban-chaa
president (de)	ประธานาธิปดี	bprà-thaa-naa-thí-bor-dee
voorzitter (de)	ประธาน	bprà-thaan
adjunct (de)	รอง	rorng

assistent (de)	ผู้ช่วย	phôo chûay
secretaris (de)	เลขา	lay-khǎa
persoonlijke assistent (de)	ผู้ช่วยส่วนบุคคล	phôo chûay sùan bùk-khon
zakenman (de)	นักธุรกิจ	nák thú-rá-gìt
ondernemer (de)	ผู้ประกอบการ	phôo bprà-gòp gaan
oprichter (de)	ผู้ก่อตั้ง	phôo gòr dtâng
oprichten (een nieuw bedrijf ~)	ก่อตั้ง	gòr dtâng
stichter (de)	ผู้ก่อตั้ง	phôo gòr dtâng
partner (de)	หุ้นส่วน	hûn sùan
aandeelhouder (de)	ผู้ถือหุ้น	phôo thěu hûn
miljonair (de)	เศรษฐีเงินล้าน	sàyt-thěe ngern láan
miljardair (de)	มหาเศรษฐี	má-hǎa sàyt-thěe
eigenaar (de)	เจ้าของ	jâo khǒrng
landeigenaar (de)	เจ้าของที่ดิน	jâo khǒrng thêe din
klant (de)	ลูกค้า	lôok kháa
vaste klant (de)	ลูกค้าประจำ	lôok kháa bprà-jam
koper (de)	ลูกค้า	lôok kháa
bezoeker (de)	ผู้เข้าร่วม	phôo khâo rûam
professioneel (de)	ผู้เป็นมืออาชีพ	phôo bpen meu aa-chêep
expert (de)	ผู้เชี่ยวชาญ	phôo chîeow-chaan
specialist (de)	ผู้ชำนาญเฉพาะทาง	phôo cham-naan chà-phó thaang
bankier (de)	พนักงานธนาคาร	phá-nák ngaan thá-naa-khaan
makelaar (de)	นายหน้า	naai nâa
kassier (de)	แคชเชียร์	khâet chia
boekhouder (de)	นักบัญชี	nák ban-chee
bewaker (de)	ยาม	yaam
investeerder (de)	ผู้ลงทุน	phôo long thun
schuldenaar (de)	ลูกหนี้	lôok nêe
crediteur (de)	เจ้าหนี้	jâo nêe
lener (de)	ผู้ยืม	phôo yeum
importeur (de)	ผู้นำเข้า	phôo nam khâo
exporteur (de)	ผู้ส่งออก	phôo sòng òrk
producent (de)	ผู้ผลิต	phôo phà-lìt
distributeur (de)	ผู้จัดจำหน่าย	phôo jàt jam-nàai
bemiddelaar (de)	คนกลาง	khon glaang
adviseur, consulent (de)	ที่ปรึกษา	thêe bprèuk-sǎa
vertegenwoordiger (de)	พนักงานขาย	phá-nák ngaan khǎai
agent (de)	ตัวแทน	dtua thaen
verzekeringsagent (de)	ตัวแทนประกัน	dtua thaen bprà-gan

87. Dienstverlenende beroepen

kok (de)	ดูนครัว	khon khrua
chef-kok (de)	กุก	gúk
bakker (de)	ช่างอบขนมปัง	châang òp khà-nŏm bpang
barman (de)	บาร์เทนเดอร์	baa-thayn-dêr
kelner, ober (de)	พนักงานเสิร์ฟชาย	phá-nák ngaan sèrf chaai
serveerster (de)	พนักงานเสิร์ฟหญิง	phá-nák ngaan sèrf yĭng
advocaat (de)	ทนายความ	thá-naai khwaam
jurist (de)	นักกฎหมาย	nák gòt măai
notaris (de)	พนักงานจดทะเบียน	phá-nák ngaan jòt thá-bian
elektricien (de)	ช่างไฟฟ้า	châang fai-fáa
loodgieter (de)	ช่างประปา	châang bprà-bpaa
timmerman (de)	ช่างไม้	châang máai
masseur (de)	หมอนวดชาย	mŏr nûat chaai
masseuse (de)	หมอนวดหญิง	mŏr nûat yĭng
dokter, arts (de)	แพทย์	phâet
taxichauffeur (de)	คนขับแท็กซี่	khon khàp tháek-sêe
chauffeur (de)	คนขับ	khon khàp
koerier (de)	คนส่งของ	khon sòng khŏrng
kamermeisje (het)	แม่บ้าน	mâe bâan
bewaker (de)	ยาม	yaam
stewardess (de)	พนักงานต้อนรับบนเครื่องบิน	phá-nák ngaan dtôrn ráp bon khrêuang bin
meester (de)	อาจารย์	aa-jaan
bibliothecaris (de)	บรรณารักษ์	ban-naa-rák
vertaler (de)	นักแปล	nák bplae
tolk (de)	ล่าม	lâam
gids (de)	มัคคุเทศก์	mák-khú-thâyt
kapper (de)	ช่างทำผม	châang tham phŏm
postbode (de)	บุรุษไปรษณีย์	bù-rùt bprai-sà-nee
verkoper (de)	คนขายของ	khon khăai khŏrng
tuinman (de)	ชาวสวน	chaao sŭan
huisbediende (de)	คนใช้	khon chái
dienstmeisje (het)	สาวใช้	săao chái
schoonmaakster (de)	คนทำความสะอาด	khon tham khwaam sà-àat

88. Militaire beroepen en rangen

soldaat (rang)	พลทหาร	phon-thá-hăan
sergeant (de)	สิบเอก	sìp àyk
luitenant (de)	ร้อยโท	rói thoh
kapitein (de)	ร้อยเอก	rói àyk
majoor (de)	พลตรี	phon-dtree

kolonel (de)	พันเอก	phan àyk
generaal (de)	นายพล	naai phon
maarschalk (de)	จอมพล	jorm phon
admiraal (de)	พลเรือเอก	phon reua àyk
militair (de)	ทางทหาร	thaang thá-hăan
soldaat (de)	ทหาร	thá-hăan
officier (de)	นายทหาร	naai thá-hăan
commandant (de)	ผู้บัญชาการ	phôo ban-chaa gaan
grenswachter (de)	ยามเฝ้าชายแดน	yaam fâo chaai daen
marconist (de)	พลวิทยุ	phon wít-thá-yú
verkenner (de)	ทหารพราน	thá-hăan phraan
sappeur (de)	ทหารช่าง	thá-hăan châang
schutter (de)	พลแม่นปืน	phon mâen bpeun
stuurman (de)	ตนหน	dtôn hŏn

89. Ambtenaren. Priesters

koning (de)	กษัตริย์	gà-sàt
koningin (de)	ราชินี	raa-chí-nee
prins (de)	เจ้าชาย	jâo chaai
prinses (de)	เจ้าหญิง	jâo yĭng
tsaar (de)	ซาร์	saa
tsarina (de)	ซารีนา	saa-ree-naa
president (de)	ประธานาธิบดี	bprà-thaa-naa-thí-bor-dee
minister (de)	รัฐมนตรี	rát-thà-mon-dtree
eerste minister (de)	นายกรัฐมนตรี	naa-yók rát-thà-mon-dtree
senator (de)	สมาชิกวุฒิสภา	sà-maa-chík wút-thí sà-phaa
diplomaat (de)	นักการทูต	nák gaan thôot
consul (de)	กงสุล	gong-sŭn
ambassadeur (de)	เอกอัครราชทูต	àyk-gà-àk-krá-râat-chá-tôot
adviseur (de)	เจ้าหน้าที่การทูต	jâo nâa-thêe gaan thôot
ambtenaar (de)	ข้าราชการ	khâa râat-chá-gaan
prefect (de)	เจ้าหน้าที่	jâo nâa-thêe
burgemeester (de)	นายกเทศมนตรี	naa-yók thâyt-sà-mon-dtree
rechter (de)	ผู้พิพากษา	phôo phí-phâak-săa
aanklager (de)	อัยการ	ai-yá-gaan
missionaris (de)	ผู้สอนศาสนา	phôo sŏrn sàat-sà-năa
monnik (de)	พระ	phrá
abt (de)	เจ้าอาวาส	jâo aa-wâat
rabbi, rabbijn (de)	พระในศาสนายิว	phrá nai sàat-sà-năa yiw
vizier (de)	วีซีร์	wee see
sjah (de)	กษัตริย์อิหร่าน	gà-sàt i-ràan
sjeik (de)	หัวหน้าเผ่าอาหรับ	hŭa nâa phào aa-ràp

90. Agrarische beroepen

imker (de)	คนเลี้ยงผึ้ง	khon líang phêung
herder (de)	คนเลี้ยงปศุสัตว์	khon líang bpà-sù-sàt
landbouwkundige (de)	นักปฐพีวิทยา	nák bpà-tà-phee wít-thá-yaa
veehouder (de)	ผู้ขยายพันธุ์สัตว์	phôo khà-yǎai phan sàt
dierenarts (de)	สัตวแพทย์	sàt phâet
landbouwer (de)	ชาวนา	chaao naa
wijnmaker (de)	ผู้ผลิตไวน์	phôo phà-lìt wai
zoöloog (de)	นักสัตววิทยา	nák sàt wít-thá-yaa
cowboy (de)	โคบาล	khoh-baan

91. Kunst beroepen

acteur (de)	นักแสดงชาย	nák sà-daeng chaai
actrice (de)	นักแสดงหญิง	nák sà-daeng yǐng
zanger (de)	นักร้องชาย	nák rórng chaai
zangeres (de)	นักร้องหญิง	nák rórng yǐng
danser (de)	นักเต้นชาย	nák dtên chaai
danseres (de)	นักเต้นหญิง	nák dtên yǐng
artiest (mann.)	นักแสดงชาย	nák sà-daeng chaai
artiest (vrouw.)	นักแสดงหญิง	nák sà-daeng yǐng
muzikant (de)	นักดนตรี	nák don-dtree
pianist (de)	นักเปียโน	nák bpia noh
gitarist (de)	ผู้เล่นกีตาร์	phôo lên gee-dtâa
orkestdirigent (de)	ผู้ควบคุมวงดนตรี	phôo khûap khum wong don-dtree
componist (de)	นักแต่งเพลง	nák dtàeng phlayng
impresario (de)	ผู้ควบคุมการแสดง	phôo khûap khum gaan sà-daeng
filmregisseur (de)	ผู้กำกับภาพยนตร์	phôo gam-gàp phâap-phá-yon
filmproducent (de)	ผู้อำนวยการสร้าง	phôo am-nuay gaan sâang
scenarioschrijver (de)	คนเขียนบทภาพยนตร์	khon khǐan bòt phâap-phá-yon
criticus (de)	นักวิจารณ์	nák wí-jaan
schrijver (de)	นักเขียน	nák khǐan
dichter (de)	นักกวี	nák gà-wee
beeldhouwer (de)	ช่างสลัก	châang sà-làk
kunstenaar (de)	ช่างวาดรูป	châang wâat rôop
jongleur (de)	นักมายากลโยนของ	nák maa-yaa gon yohn khǒrng
clown (de)	ตัวตลก	dtua dtà-lòk
acrobaat (de)	นักกายกรรม	nák gaai-yá-gam
goochelaar (de)	นักเล่นกล	nák lên gon

92. Verschillende beroepen

dokter, arts (de)	แพทย์	phâet
ziekenzuster (de)	พยาบาล	phá-yaa-baan
psychiater (de)	จิตแพทย์	jìt-dtà-phâet
tandarts (de)	ทันตแพทย์	than-dtà phâet
chirurg (de)	ศัลยแพทย์	sǎn-yá-phâet
astronaut (de)	นักบินอวกาศ	nák bin a-wá-gàat
astronoom (de)	นักดาราศาสตร์	nák daa-raa sàat
piloot (de)	นักบิน	nák bin
chauffeur (de)	คนขับ	khon khàp
machinist (de)	คนขับรถไฟ	khon khàp rót fai
mecanicien (de)	ช่างเครื่อง	châang khrêuang
mijnwerker (de)	คนงานเหมือง	khon ngaan měuang
arbeider (de)	คนงาน	khon ngaan
bankwerker (de)	ช่างโลหะ	châang loh-hà
houtbewerker (de)	ช่างไม้	châang máai
draaier (de)	ช่างกลึง	châang gleung
bouwvakker (de)	คนงานก่อสร้าง	khon ngaan gòr sâang
lasser (de)	ช่างเชื่อม	châang chêuam
professor (de)	ศาสตราจารย์	sàat-sà-dtraa-jaan
architect (de)	สถาปนิก	sà-thǎa-bpà-ník
historicus (de)	นักประวัติศาสตร์	nák bprà-wàt sàat
wetenschapper (de)	นักวิทยาศาสตร์	nák wít-thá-yaa sàat
fysicus (de)	นักฟิสิกส์	nák fí-sìk
scheikundige (de)	นักเคมี	nák khay-mee
archeoloog (de)	นักโบราณคดี	nák boh-raan-ná-khá-dee
geoloog (de)	นักธรณีวิทยา	nák thor-rá-nee wít-thá-yaa
onderzoeker (de)	ผู้วิจัย	phôo wí-jai
babysitter (de)	พี่เลี้ยงเด็ก	phêe líang dèk
leraar, pedagoog (de)	อาจารย์	aa-jaan
redacteur (de)	บรรณาธิการ	ban-naa-thí-gaan
chef-redacteur (de)	หัวหน้าบรรณาธิการ	hǔa nâa ban-naa-thí-gaan
correspondent (de)	ผู้สื่อข่าว	phôo sèu khàao
typiste (de)	พนักงานพิมพ์ดีด	phá-nák ngaan phim dèet
designer (de)	นักออกแบบ	nák òrk bàep
computerexpert (de)	ผู้เชี่ยวชาญด้านคอมพิวเตอร์	pôo chîeow-chaan dâan khorm-piw-dtêr
programmeur (de)	นักเขียนโปรแกรม	nák khǐan bproh-graem
ingenieur (de)	วิศวกร	wít-sà-wá-gon
matroos (de)	กะลาสี	gà-laa-sěe
zeeman (de)	คนเรือ	khon reua
redder (de)	นักกู้ภัย	nák gôo phai
brandweerman (de)	เจ้าหน้าที่ดับเพลิง	jâo nâa-thêe dàp phlerng
politieagent (de)	เจ้าหน้าที่ตำรวจ	jâo nâa-thêe dtam-rùat

nachtwaker (de)	คนยาม	khon yaam
detective (de)	นักสืบ	nák sèup
douanier (de)	เจ้าหน้าที่ศุลกากร	jâo nâa-thêe sǔn-lá-gaa-gon
lijfwacht (de)	ผู้คุมกัน	phôo khúm gan
gevangenisbewaker (de)	ผู้คุม	phôo khum
inspecteur (de)	ผู้ตรวจการ	phôo dtrùat gaan
sportman (de)	นักกีฬา	nák gee-laa
trainer (de)	โค้ช	khóht
slager, beenhouwer (de)	คนขายเนื้อ	khon khǎai néua
schoenlapper (de)	คนซ่อมรองเท้า	khon sôrm rorng tháo
handelaar (de)	คนค้า	khon kháa
lader (de)	คนงานยกของ	khon ngaan yók khǒrng
kledingstilist (de)	นักออกแบบแฟชั่น	nák òrk bàep fae-chân
model (het)	นางแบบ	naang bàep

93. Beroepen. Sociale status

scholier (de)	นักเรียน	nák rian
student (de)	นักศึกษา	nák sèuk-sǎa
filosoof (de)	นักปราชญ์	nák bpràat
econoom (de)	นักเศรษฐศาสตร์	nák sàyt-thà-sàat
uitvinder (de)	นักประดิษฐ์	nák bprà-dìt
werkloze (de)	ดูว่างงาน	khon wâang ngaan
gepensioneerde (de)	ผู้เกษียณอายุ	phôo gà-sǐan aa-yú
spion (de)	สายลับ	sǎai láp
gedetineerde (de)	นักโทษ	nák thôht
staker (de)	คนนัดหยุดงาน	kon nát yùt ngaan
bureaucraat (de)	อำมาตย์	am-màat
reiziger (de)	นักเดินทาง	nák dern-thaang
homoseksueel (de)	ผู้รักเพศเดียวกัน	phôo rák phâyt dieow gan
hacker (computerkraker)	แฮ็กเกอร์	háek-gêr
hippie (de)	ฮิปปี้	híp-bpêe
bandiet (de)	โจร	john
huurmoordenaar (de)	นักฆ่า	nák khâa
drugsverslaafde (de)	ผู้ติดยาเสพติด	phôo dtìt yaa-sàyp-dtìt
drugshandelaar (de)	ผู้ค้ายาเสพติด	phôo kháa yaa-sàyp-dtìt
prostituee (de)	โสเภณี	sǒh-phay-nee
pooier (de)	แมงดา	maeng-daa
tovenaar (de)	พ่อมด	phôr mót
tovenares (de)	แม่มด	mâe mót
piraat (de)	โจรสลัด	john sà-làt
slaaf (de)	ทาส	thâat
samoerai (de)	ซามูไร	saa-moo-rai
wilde (de)	คนป่าเถื่อน	khon bpàa thèuan

Onderwijs

94. School

school (de)	โรงเรียน	rohng rian
schooldirecteur (de)	อาจารย์ใหญ่	aa-jaan yài

leerling (de)	นักเรียน	nák rian
leerlinge (de)	นักเรียน	nák rian
scholier (de)	เด็กนักเรียนชาย	dèk nák rian chaai
scholiere (de)	เด็กนักเรียนหญิง	dèk nák rian yĭng

leren (lesgeven)	สอน	sŏrn
studeren (bijv. een taal ~)	เรียน	rian
van buiten leren	ท่องจำ	thôrng jam

leren (bijv. ~ tellen)	เรียน	rian
in school zijn (schooljongen zijn)	ไปโรงเรียน	bpai rohng rian
naar school gaan	ไปโรงเรียน	bpai rohng rian

alfabet (het)	ตัวอักษร	dtua àk-sŏn
vak (schoolvak)	วิชา	wí-chaa

klaslokaal (het)	ห้องเรียน	hôrng rian
les (de)	ชั่วโมงเรียน	chûa mohng rian
pauze (de)	ช่วงพัก	chûang phák
bel (de)	สัญญาณหมดเรียน	săn-yaan mòt rian
schooltafel (de)	โต๊ะนักเรียน	dtó nák rian
schoolbord (het)	กระดานดำ	grà-daan dam

cijfer (het)	เกรด	gràyt
goed cijfer (het)	เกรดดี	gràyt dee
slecht cijfer (het)	เกรดแย่	gràyt yâe
een cijfer geven	ให้เกรด	hâi gràyt

fout (de)	ข้อผิดพลาด	khôr phìt phlâat
fouten maken	ทำผิดพลาด	tham phìt phlâat
corrigeren (fouten ~)	แก้ไข	gâe khăi
spiekbriefje (het)	โพย	phoi

huiswerk (het)	การบ้าน	gaan bâan
oefening (de)	แบบฝึกหัด	bàep fèuk hàt

aanwezig zijn (ww)	มาเรียน	maa rian
absent zijn (ww)	ขาด	khàat
school verzuimen	ขาดเรียน	khàat rian

bestraffen (een stout kind ~)	ลงโทษ	long thôht
bestraffing (de)	การลงโทษ	gaan long thôht

gedrag (het)	ความประพฤติ	khwaam bprà-préut
cijferlijst (de)	สมุดพก	sà-mùt phók
potlood (het)	ดินสอ	din-sǒr
gom (de)	ยางลบ	yaang lóp
krijt (het)	ชอล์ค	chôrk
pennendoos (de)	กล่องดินสอ	glòrng din-sǒr
boekentas (de)	กระเป๋า	grà-bpǎo
pen (de)	ปากกา	bpàak gaa
schrift (de)	สมุดจด	sà-mùt jòt
leerboek (het)	หนังสือเรียน	nǎng-sěu rian
passer (de)	วงเวียน	wong wian
technisch tekenen (ww)	ร่างภาพทางเทคนิค	râang phâap thaang thék-nìk
technische tekening (de)	ภาพร่างทางเทคนิค	phâap-râang thaang thék-nìk
gedicht (het)	กลอน	glorn
van buiten (bw)	โดยท่องจำ	doi thôrng jam
van buiten leren	ท่องจำ	thôrng jam
vakantie (de)	เวลาปิดเทอม	way-laa bpìt therm
met vakantie zijn	หยุดปิดเทอม	yùt bpìt therm
vakantie doorbrengen	ใช้เวลาหยุดปิดเทอม	chái way-laa yùt bpìt therm
toets (schriftelijke ~)	การทดสอบ	gaan thót sòrp
opstel (het)	ความเรียง	khwaam riang
dictee (het)	การเขียนตามคำบอก	gaan khǐan dtaam kam bòrk
examen (het)	การสอบ	gaan sòrp
examen afleggen	สอบไล่	sòrp lâi
experiment (het)	การทดลอง	gaan thót lorng

95. Hogeschool. Universiteit

academie (de)	โรงเรียน	rohng rian
universiteit (de)	มหาวิทยาลัย	má-hǎa wít-thá-yaa-lai
faculteit (de)	คณะ	khá-ná
student (de)	นักศึกษา	nák sèuk-sǎa
studente (de)	นักศึกษา	nák sèuk-sǎa
leraar (de)	อาจารย์	aa-jaan
collegezaal (de)	ห้องบรรยาย	hôrng ban-yaai
afgestudeerde (de)	บัณฑิต	ban-dìt
diploma (het)	อนุปริญญา	a-nú bpà-rin-yaa
dissertatie (de)	ปริญญานิพนธ์	bpà-rin-yaa ní-phon
onderzoek (het)	การวิจัย	gaan wí-jai
laboratorium (het)	ห้องปฏิบัติการ	hôrng bpà-dtì-bàt gaan
college (het)	การบรรยาย	gaan ban-yaai
medestudent (de)	เพื่อนร่วมชั้น	phêuan rûam chán
studiebeurs (de)	ทุน	thun
academische graad (de)	วุฒิการศึกษา	wút-thí gaan sèuk-sǎa

96. Wetenschappen. Disciplines

wiskunde (de)	คณิตศาสตร์	khá-nít sàat
algebra (de)	พีชคณิต	phee-chá-khá-nít
meetkunde (de)	เรขาคณิต	ray-khǎa khá-nít
astronomie (de)	ดาราศาสตร์	daa-raa sàat
biologie (de)	ชีววิทยา	chee-wá-wít-thá-yaa
geografie (de)	ภูมิศาสตร์	phoo-mí-sàat
geologie (de)	ธรณีวิทยา	thor-rá-nee wít-thá-yaa
geschiedenis (de)	ประวัติศาสตร์	bprà-wàt sàat
geneeskunde (de)	แพทยศาสตร์	phâet-tha-ya-sàat
pedagogiek (de)	ครุศาสตร์	khrú sàat
rechten (mv.)	ธรรมศาสตร์	tham-ma -sàat
fysica, natuurkunde (de)	ฟิสิกส์	fí-sìk
scheikunde (de)	เคมี	khay-mee
filosofie (de)	ปรัชญา	bpràt-yaa
psychologie (de)	จิตวิทยา	jìt-wít-thá-yaa

97. Schrift. Spelling

grammatica (de)	ไวยากรณ์	wai-yaa-gon
vocabulaire (het)	คำศัพท์	kham sàp
fonetiek (de)	การออกเสียง	gaan òrk sǐang
zelfstandig naamwoord (het)	นาม	naam
bijvoeglijk naamwoord (het)	คำคุณศัพท์	kham khun-ná-sàp
werkwoord (het)	กริยา	grì-yaa
bijwoord (het)	คำวิเศษณ์	kham wí-sàyt
voornaamwoord (het)	คำสรรพนาม	kham sàp-phá-naam
tussenwerpsel (het)	คำอุทาน	kham u-thaan
voorzetsel (het)	คำบุพบท	kham bùp-phá-bòt
stam (de)	รากศัพท์	râak sàp
achtervoegsel (het)	คำลงท้าย	kham long tháai
voorvoegsel (het)	คำนำหน้า	kham nam nâa
lettergreep (de)	พยางค์	phá-yaang
achtervoegsel (het)	คำเสริมท้าย	kham sěrm tháai
nadruk (de)	เครื่องหมายเน้น	khrêuang mǎai náyn
afkappingsteken (het)	อะพอสทรอฟี	à-phor-sòt-ror-fee
punt (de)	จุด	jùt
komma (de/het)	จุลภาค	jun-lá-phâak
puntkomma (de)	อัฒภาค	àt-thá-phâak
dubbelpunt (de)	ทวิภาค	thá-wí phâak
beletselteken (het)	การละไว้	gaan lá wái
vraagteken (het)	เครื่องหมายปรัศนี	khrêuang mǎai bpràt-nee
uitroepteken (het)	เครื่องหมายอัศเจรีย์	khrêuang mǎai àt-sà-jay-ree

Nederlands	Thai	Transcriptie
aanhalingstekens (mv.)	อัญประกาศ	an-yá-bprà-gàat
tussen aanhalingstekens (bw)	ในอัญประกาศ	nai an-yá-bprà-gàat
haakjes (mv.)	วงเล็บ	wong lép
tussen haakjes (bw)	ในวงเล็บ	nai wong lép
streepje (het)	ยัติภังค์	yát-dtì-phang
gedachtestreepje (het)	ขีดคั่น	khèet khân
spatie	ช่องไฟ	chôrng fai
(~ tussen twee woorden)		
letter (de)	ตัวอักษร	dtua àk-sŏn
hoofdletter (de)	อักษรตัวใหญ่	àk-sŏn dtua yài
klinker (de)	สระ	sà-ra
medeklinker (de)	พยัญชนะ	phá-yan-chá-ná
zin (de)	ประโยค	bprà-yòhk
onderwerp (het)	ภาคประธาน	phâak bprà-thaan
gezegde (het)	ภาคแสดง	phâak sà-daeng
regel (in een tekst)	บรรทัด	ban-thát
op een nieuwe regel (bw)	ที่บรรทัดใหม่	têe ban-thát mài
alinea (de)	วรรค	wák
woord (het)	คำ	kham
woordgroep (de)	กลุ่มคำ	glùm kham
uitdrukking (de)	วลี	wá-lee
synoniem (het)	คำพ้องความหมาย	kham phóng khwaam măai
antoniem (het)	คำตรงกันข้าม	kham dtrorng gan khâam
regel (de)	กฎ	gòt
uitzondering (de)	ข้อยกเว้น	khôr yok-wâyn
correct (bijv. ~e spelling)	ถูก	thòok
vervoeging, conjugatie (de)	คอนจูเกชัน	khorn joo gay chan
verbuiging, declinatie (de)	การกระจายคำ	gaan grà-jaai kham
naamval (de)	การก	gaa-rók
vraag (de)	คำถาม	kham thăam
onderstrepen (ww)	ขีดเส้นใต้	khèet sên dtâi
stippellijn (de)	เส้นประ	sên bprà

98. Vreemde talen

Nederlands	Thai	Transcriptie
taal (de)	ภาษา	phaa-săa
vreemd (bn)	ต่างชาติ	dtàang châat
vreemde taal (de)	ภาษาต่างชาติ	phaa-săa dtàang châat
leren (bijv. van buiten ~)	เรียน	rian
studeren (Nederlands ~)	เรียน	rian
lezen (ww)	อ่าน	àan
spreken (ww)	พูด	phôot
begrijpen (ww)	เข้าใจ	khâo jai
schrijven (ww)	เขียน	khĭan
snel (bw)	รวดเร็ว	rûat reo

langzaam (bw)	อย่างช้า	yàang cháa
vloeiend (bw)	อยางคลอง	yàang khlôrng
regels (mv.)	กฎ	gòt
grammatica (de)	ไวยากรณ์	wai-yaa-gon
vocabulaire (het)	คำศัพท	kham sàp
fonetiek (de)	การออกเสียง	gaan òrk sĭang
leerboek (het)	หนังสือเรียน	năng-sĕu rian
woordenboek (het)	พจนานุกรม	phót-jà-naa-nú-grom
leerboek (het) voor zelfstudie	หนังสือแบบเรียนดวยตนเอง	năng-sĕu bàep rian dûay dton ayng
taalgids (de)	เฟรสบุก	frayt bùk
cassette (de)	เทปคาสเซ็ตต์	thâyp khaas-sét
videocassette (de)	วิดีโอ	wí-dee-oh
CD (de)	CD	see-dee
DVD (de)	DVD	dee-wee-dee
alfabet (het)	ตัวอักษร	dtua àk-sŏn
spellen (ww)	สะกด	sà-gòt
uitspraak (de)	การออกเสียง	gaan òrk sĭang
accent (het)	สำเนียง	săm-niang
met een accent (bw)	มีสำเนียง	mee săm-niang
zonder accent (bw)	ไมมีสำเนียง	mâi mee săm-niang
woord (het)	คำ	kham
betekenis (de)	ความหมาย	khwaam măai
cursus (de)	หลักสูตร	làk sòot
zich inschrijven (ww)	สมัคร	sà-màk
leraar (de)	อาจารย์	aa-jaan
vertaling (een ~ maken)	การแปล	gaan bplae
vertaling (tekst)	คำแปล	kham bplae
vertaler (de)	นักแปล	nák bplae
tolk (de)	ลาม	lâam
polyglot (de)	ผู้รู้หลายภาษา	phôo róo lăai paa-săa
geheugen (het)	ความทรงจำ	khwaam song jam

Rusten. Entertainment. Reizen

99. Trip. Reizen

toerisme (het)	การท่องเที่ยว	gaan thôrng thîeow
toerist (de)	นักทองเที่ยว	nák thôrng thîeow
reis (de)	การเดินทาง	gaan dern thaang
avontuur (het)	การผจญภัย	gaan phà-jon phai
tocht (de)	การเดินทาง	gaan dern thaang
vakantie (de)	วันหยุดพักผ่อน	wan yùt phák phòrn
met vakantie zijn	หยุดพักผอน	yùt phák phòrn
rust (de)	การพัก	gaan phák
trein (de)	รถไฟ	rót fai
met de trein	โดยรถไฟ	doi rót fai
vliegtuig (het)	เครื่องบิน	khrêuang bin
met het vliegtuig	โดยเครื่องบิน	doi khrêuang bin
met de auto	โดยรถยนต	doi rót-yon
per schip (bw)	โดยเรือ	doi reua
bagage (de)	สัมภาระ	săm-phaa-rá
valies (de)	กระเป๋าเดินทาง	grà-bpăo dern-thaang
bagagekarretje (het)	รถขนสัมภาระ	rót khŏn săm-phaa-rá
paspoort (het)	หนังสือเดินทาง	năng-sĕu dern-thaang
visum (het)	วีซ่า	wee-sâa
kaartje (het)	ตั๋ว	dtŭa
vliegticket (het)	ตั๋วเครื่องบิน	dtŭa khrêuang bin
reisgids (de)	หนังสือแนะนำ	năng-sĕu náe nam
kaart (de)	แผนที่	phăen thêe
gebied (landelijk ~)	เขต	khàyt
plaats (de)	สถานที่	sà-thăan thêe
exotische bestemming (de)	สิ่งแปลกใหม่	sìng bplàek mài
exotisch (bn)	ต่างแดน	dtàang daen
verwonderlijk (bn)	น่าประหลาดใจ	nâa bprà-làat jai
groep (de)	กลุ่ม	glùm
rondleiding (de)	การเดินทางท่องเที่ยว	gaan dern taang thôrng thîeow
gids (de)	มัคคุเทศก์	mák-khú-thâyt

100. Hotel

motel (het)	โรงแรม	rohng raem
3-sterren	สามดาว	săam daao

5-sterren	ห้าดาว	hâa daao
overnachten (ww)	พัก	phák
kamer (de)	ห้อง	hôrng
eenpersoonskamer (de)	ห้องเดี่ยว	hôrng dìeow
tweepersoonskamer (de)	ห้องคู่	hôrng khôo
een kamer reserveren	จองห้อง	jorng hôrng
halfpension (het)	พักครึ่งวัน	phák khrêung wan
volpension (het)	พักเต็มวัน	phák dtem wan
met badkamer	มีห้องอาบน้ำ	mee hôrng àap náam
met douche	มีฝักบัว	mee fàk bua
satelliet-tv (de)	โทรทัศน์ดาวเทียม	thoh-rá-thát daao thiam
airconditioner (de)	เครื่องปรับอากาศ	khrêuang bpràp-aa-gàat
handdoek (de)	ผ้าเช็ดตัว	phâa chét dtua
sleutel (de)	กุญแจ	gun-jae
administrateur (de)	นักบริหาร	nák bor-rí-hăan
kamermeisje (het)	แม่บ้าน	mâe bâan
piccolo (de)	พนักงานขนกระเป๋า	phá-nák ngaan khŏn grà-bpăo
portier (de)	พนักงานเปิดประตู	phá-nák ngaan bpèrt bprà-dtoo
restaurant (het)	ร้านอาหาร	ráan aa-hăan
bar (de)	บาร์	baa
ontbijt (het)	อาหารเช้า	aa-hăan cháo
avondeten (het)	อาหารเย็น	aa-hăan yen
buffet (het)	บุฟเฟต์	bùf-fây
hal (de)	ล็อบบี้	lórp-bêe
lift (de)	ลิฟต์	líf
NIET STOREN	ห้ามรบกวน	hâam róp guan
VERBODEN TE ROKEN!	ห้ามสูบบุหรี่	hâam sòop bù rèe

TECHNISCHE APPARATUUR. VERVOER

Technische apparatuur

101. Computer

computer (de)	คอมพิวเตอร์	khorm-phiw-dtêr
laptop (de)	โน้ตบุ๊ค	nóht búk
aanzetten (ww)	เปิด	bpèrt
uitzetten (ww)	ปิด	bpìt
toetsenbord (het)	แป้นพิมพ์	bpâen phim
toets (enter~)	ปุ่ม	bpùm
muis (de)	เมาส์	mao
muismat (de)	แผ่นรองเมาส์	phàen rorng mao
knopje (het)	ปุ่ม	bpùm
cursor (de)	เคอร์เซอร์	khêr-sêr
monitor (de)	จอมอนิเตอร์	jor mor-ní-dtêr
scherm (het)	หน้าจอ	nâa jor
harde schijf (de)	ฮาร์ดดิสก์	hâat-dìt
volume (het) van de harde schijf	ความจุฮาร์ดดิสก์	kwaam jù hâat-dìt
geheugen (het)	หน่วยความจำ	nùay khwaam jam
RAM-geheugen (het)	หน่วยความจำ เข้าถึงโดยสุ่ม	nùay khwaam jam khâo theŭng doi sùm
bestand (het)	ไฟล์	fai
folder (de)	โฟลเดอร์	fohl-dêr
openen (ww)	เปิด	bpèrt
sluiten (ww)	ปิด	bpìt
opslaan (ww)	บันทึก	ban-théuk
verwijderen (wissen)	ลบ	lóp
kopiëren (ww)	คัดลอก	khát lôrk
sorteren (ww)	จัดเรียง	jàt riang
overplaatsen (ww)	ทำสำเนา	tham săm-nao
programma (het)	โปรแกรม	bproh-graem
software (de)	ซอฟต์แวร์	sôf-wae
programmeur (de)	นักเขียนโปรแกรม	nák khĭan bproh-graem
programmeren (ww)	เขียนโปรแกรม	khĭan bproh-graem
hacker (computerkraker)	แฮ็กเกอร์	háek-gêr
wachtwoord (het)	รหัสผ่าน	rá-hàt phàan
virus (het)	ไวรัส	wai-rát

ontdekken (virus ~)	ตรวจพบ	dtrùat phóp
byte (de)	ไบท์	bai
megabyte (de)	เมกะไบท์	may-gà-bai
data (de)	ข้อมูล	khôr moon
databank (de)	ฐานข้อมูล	thăan khôr moon
kabel (USB-~, enz.)	สายเคเบิล	săai khay-bêrn
afsluiten (ww)	ตัดการเชื่อมต่อ	dtàt gaan chêuam dtòr
aansluiten op (ww)	เชื่อมต่อ	chêuam dtòr

102. Internet. E-mail

internet (het)	อินเทอร์เน็ต	in-thêr-nét
browser (de)	เบราว์เซอร์	brao-sêr
zoekmachine (de)	โปรแกรมค้นหา	bproh-graem khón hăa
internetprovider (de)	ผู้ให้บริการ	phôo hâi bor-rí-gaan
webmaster (de)	เว็บมาสเตอร์	wép-mâat-dtêr
website (de)	เว็บไซต์	wép sai
webpagina (de)	เว็บเพจ	wép phâyt
adres (het)	ที่อยู่	thêe yòo
adresboek (het)	สมุดที่อยู่	sà-mùt thêe yòo
postvak (het)	กล่องจดหมายอีเมลล์	glòrng jòt măai ee-mayn
post (de)	จดหมาย	jòt măai
vol (~ postvak)	เต็ม	dtem
bericht (het)	ข้อความ	khôr khwaam
binnenkomende berichten (mv.)	ข้อความขาเข้า	khôr khwaam khăa khâo
uitgaande berichten (mv.)	ข้อความขาออก	khôr khwaam khăa òrk
verzender (de)	ผู้ส่ง	phôo sòng
verzenden (ww)	ส่ง	sòng
verzending (de)	การส่ง	gaan sòng
ontvanger (de)	ผู้รับ	phôo ráp
ontvangen (ww)	รับ	ráp
correspondentie (de)	การติดต่อกันทางจดหมาย	gaan dtìt dtòr gan thaang jòt măai
corresponderen (met ...)	ติดต่อกันทางจดหมาย	dtìt dtòr gan thaang jòt măai
bestand (het)	ไฟล์	fai
downloaden (ww)	ดาวน์โหลด	daao lòht
creëren (ww)	สร้าง	sâang
verwijderen (een bestand ~)	ลบ	lóp
verwijderd (bn)	ถูกลบ	thòok lóp
verbinding (de)	การเชื่อมต่อ	gaan chêuam dtòr
snelheid (de)	ความเร็ว	khwaam reo
modem (de)	โมเด็ม	moh-dem

toegang (de)	การเข้าถึง	gaan khâo thĕung
poort (de)	พอร์ท	phôt
aansluiting (de)	การเชื่อมต่อ	gaan chêuam dtòr
zich aansluiten (ww)	เชื่อมต่อกับ...	chêuam dtòr gàp...
selecteren (ww)	เลือก	lêuak
zoeken (ww)	คนหา	khón hăa

103. Elektriciteit

elektriciteit (de)	ไฟฟ้า	fai fáa
elektrisch (bn)	ทางไฟฟ้า	thaang fai-fáa
elektriciteitscentrale (de)	โรงไฟฟ้า	rohng fai-fáa
energie (de)	พลังงาน	phá-lang ngaan
elektrisch vermogen (het)	กำลังไฟฟ้า	gam-lang fai-fáa
lamp (de)	หลอดไฟฟ้า	lòrt fai fáa
zaklamp (de)	ไฟฉาย	fai chăai
straatlantaarn (de)	เสาไฟถนน	săo fai thà-nŏn
licht (elektriciteit)	ไฟ	fai
aandoen (ww)	เปิด	bpèrt
uitdoen (ww)	ปิด	bpìt
het licht uitdoen	ปิดไฟ	bpìt fai
doorbranden (gloeilamp)	ขาด	khàat
kortsluiting (de)	การลัดวงจร	gaan lát wong-jon
onderbreking (de)	สายขาด	săai khàat
contact (het)	สายต่อกัน	săai dtòr gan
schakelaar (de)	สวิตช์ไฟ	sà-wít fai
stopcontact (het)	เต้าเสียบปลั๊กไฟ	dtâo sìap bplák fai
stekker (de)	ปลั๊กไฟ	bplák fai
verlengsnoer (de)	สายพ่วงไฟ	săai phûang fai
zekering (de)	ฟิวส์	fiw
kabel (de)	สายไฟ	săai fai
bedrading (de)	การเดินสายไฟ	gaan dern săai fai
ampère (de)	แอมแปร์	aem-bpae
stroomsterkte (de)	กำลังไฟฟ้า	gam-lang fai-fáa
volt (de)	โวลต์	wohn
spanning (de)	แรงดันไฟฟ้า	raeng dan fai fáa
elektrisch toestel (het)	เครื่องใช้ไฟฟ้า	khrêuang chái fai fáa
indicator (de)	ตัวระบุ	dtua rá-bù
electricien (de)	ช่างไฟฟ้า	châang fai-fáa
solderen (ww)	บัดกรี	bàt-gree
soldeerbout (de)	หัวแร้งบัดกรี	hŭa ráeng bàt-gree
stroom (de)	กระแสไฟฟ้า	grà-săe fai fáa

104. Gereedschappen

werktuig (stuk gereedschap)	เครื่องมือ	khrêuang meu
gereedschap (het)	เครื่องมือ	khrêuang meu
uitrusting (de)	อุปกรณ์	ù-bpà-gon
hamer (de)	ค้อน	khórn
schroevendraaier (de)	ไขควง	khǎi khuang
bijl (de)	ขวาน	khwǎan
zaag (de)	เลื่อย	lêuay
zagen (ww)	เลื่อย	lêuay
schaaf (de)	กบไสไม้	gòp sǎi máai
schaven (ww)	ไสกบ	sǎi gòp
soldeerbout (de)	หัวแร้งบัดกรี	hǔa ráeng bàt-gree
solderen (ww)	บัดกรี	bàt-gree
vijl (de)	ตะไบ	dtà-bai
nijptang (de)	คีม	kheem
combinatietang (de)	คีมปอกสายไฟ	kheem bpòk sǎai fai
beitel (de)	สิ่ว	sìw
boorkop (de)	หัวสว่าน	hǔa sà-wàan
boormachine (de)	สว่านไฟฟ้า	sà-wàan fai fáa
boren (ww)	เจาะ	jòr
mes (het)	มีด	mêet
zakmes (het)	มีดพก	mêet phók
lemmet (het)	ใบ	bai
scherp (bijv. ~ mes)	คม	khom
bot (bn)	ทื่อ	thêu
bot raken (ww)	ทำให้...ทื่อ	tham hâi...thêu
slijpen (een mes ~)	ลับคม	láp khom
bout (de)	สลักเกลียว	sà-làk glieow
moer (de)	แหวนสกรู	wǎen sà-groo
schroefdraad (de)	เกลียว	glieow
houtschroef (de)	สกรู	sà-groo
spijker (de)	ตะปู	dtà-bpoo
kop (de)	หัวตะปู	hǔa dtà-bpoo
liniaal (de/het)	ไม้บรรทัด	máai ban-thát
rolmeter (de)	เทปวัดระยะทาง	thâyp wát rá-yá taang
waterpas (de/het)	เครื่องวัดระดับน้ำ	khrêuang wát rá-dàp náam
loep (de)	แว่นขยาย	wâen khà-yǎai
meetinstrument (het)	เครื่องมือวัด	khrêuang meu wát
opmeten (ww)	วัด	wát
schaal (meetschaal)	อัตรา	àt-dtraa
gegevens (mv.)	คามิเตอร์	khâa mí-dtêr
compressor (de)	เครื่องอัดอากาศ	khrêuang àt aa-gàat
microscoop (de)	กล้องจุลทัศน์	glôrng jun-la -thát

pomp (de)	ปั๊ม	bpám
robot (de)	หุ่นยนต์	hùn yon
laser (de)	เลเซอร์	lay-sêr

moersleutel (de)	ประแจ	bprà-jae
plakband (de)	เทปกาว	thâyp gaao
lijm (de)	กาว	gaao

schuurpapier (het)	กระดาษทราย	grà-dàat saai
veer (de)	สปริง	sà-bpring
magneet (de)	แม่เหล็ก	mâe lèk
handschoenen (mv.)	ถุงมือ	thŭng meu

touw (bijv. henneptouw)	เชือก	chêuak
snoer (het)	สาย	sǎai
draad (de)	สายไฟ	sǎai fai
kabel (de)	สายเคเบิล	sǎai khay-bêrn

moker (de)	ค้อนขนาดใหญ่	khón khà-nàat yài
breekijzer (het)	ชะแลง	chá-laeng
ladder (de)	บันได	ban-dai
trapje (inklapbaar ~)	กระได	grà-dai

aanschroeven (ww)	ขันเกลียวเข้า	khǎn glieow khâo
losschroeven (ww)	ขันเกลียวออก	khǎn glieow òk
dichtpersen (ww)	ขันให้แน่น	khǎn hâi náen
vastlijmen (ww)	ติดกาว	dtìt gaao
snijden (ww)	ตัด	dtàt

defect (het)	ความผิดพลาด	khwaam phìt phlâat
reparatie (de)	การซ่อมแซม	gaan sôrm saem
repareren (ww)	ซ่อม	sôrm
regelen (een machine ~)	ปรับ	bpràp

checken (ww)	ตรวจ	dtrùat
controle (de)	การตรวจ	gaan dtrùat
gegevens (mv.)	คามิเตอร์	khâa mí-dtêr

degelijk (bijv. ~ machine)	ไว้วางใจได้	wái waang jai dâai
ingewikkeld (bn)	ซับซ้อน	sáp són

roesten (ww)	ขึ้นสนิม	khêun sà-nǐm
roestig (bn)	เป็นสนิม	bpen sà-nǐm
roest (de/het)	สนิม	sà-nǐm

Vervoer

105. Vliegtuig

vliegtuig (het)	เครื่องบิน	khrêuang bin
vliegticket (het)	ตั๋วเครื่องบิน	dtŭa khrêuang bin
luchtvaartmaatschappij (de)	สายการบิน	săai gaan bin
luchthaven (de)	สนามบิน	sà-năam bin
supersonisch (bn)	ความเร็วเหนือเสียง	khwaam reo nĕua-sĭang
gezagvoerder (de)	กัปตัน	gàp dtan
bemanning (de)	ลูกเรือ	lôok reua
piloot (de)	นักบิน	nák bin
stewardess (de)	พนักงานต้อนรับบนเครื่องบิน	phá-nák ngaan dtôrn ráp bon khrêuang bin
stuurman (de)	ต้นหน	dtôn hŏn
vleugels (mv.)	ปีก	bpèek
staart (de)	หาง	hăang
cabine (de)	ห้องนักบิน	hôrng nák bin
motor (de)	เครื่องยนต์	khrêuang yon
landingsgestel (het)	โครงส่วนล่างของเครื่องบิน	khrorng sùan lâang khŏrng khrêuang bin
turbine (de)	กังหัน	gang-hăn
propeller (de)	ใบพัด	bai phát
zwarte doos (de)	กล่องดำ	glòrng dam
stuur (het)	คันบังคับ	khan bang-kháp
brandstof (de)	เชื้อเพลิง	chéua phlerng
veiligheidskaart (de)	คู่มือความปลอดภัย	khôo meu khwaam bplòt phai
zuurstofmasker (het)	หน้ากากอ็อกซิเจน	nâa gàak ók sí jayn
uniform (het)	เครื่องแบบ	khrêuang bàep
reddingsvest (de)	เสื้อชูชีพ	sêua choo chêep
parachute (de)	ร่มชูชีพ	rôm choo chêep
opstijgen (het)	การบินขึ้น	gaan bin khêun
opstijgen (ww)	บินขึ้น	bin khêun
startbaan (de)	ทางวิ่งเครื่องบิน	thaang wîng khrêuang bin
zicht (het)	ทัศนวิสัย	thát sá ná wí-săi
vlucht (de)	การบิน	gaan bin
hoogte (de)	ความสูง	khwaam sŏong
luchtzak (de)	หลุมอากาศ	lŭm aa-gàat
plaats (de)	ที่นั่ง	thêe nâng
koptelefoon (de)	หูฟัง	hŏo fang
tafeltje (het)	ถาดพับเก็บได้	thàat pháp gèp dâai
venster (het)	หน้าต่างเครื่องบิน	nâa dtàang khrêuang bin
gangpad (het)	ทางเดิน	thaang dern

106. Trein

trein (de)	รถไฟ	rót fai
elektrische trein (de)	รถไฟชานเมือง	rót fai chaan meuang
sneltrein (de)	รถไฟด่วน	rót fai dùan
diesellocomotief (de)	รถจักรดีเซล	rót jàk dee-sayn
stoomlocomotief (de)	รถจักรไอน้ำ	rót jàk ai náam
rijtuig (het)	ตู้โดยสาร	dtôo doi săan
restauratierijtuig (het)	ตู้เสบียง	dtôo sà-biang
rails (mv.)	รางรถไฟ	raang rót fai
spoorweg (de)	ทางรถไฟ	thaang rót fai
dwarsligger (de)	หมอนรองราง	mŏrn rorng raang
perron (het)	ชานชลา	chaan-chá-laa
spoor (het)	ราง	raang
semafoor (de)	ไฟสัญญาณรถไฟ	fai săn-yaan rót fai
halte (bijv. kleine treinhalte)	สถานี	sà-thăa-nee
machinist (de)	คนขับรถไฟ	khon khàp rót fai
kruier (de)	พนักงานยกกระเป๋า	phá-nák ngaan yók grà-bpăo
conducteur (de)	พนักงานรถไฟ	phá-nák ngaan rót fai
passagier (de)	ผู้โดยสาร	phôo doi săan
controleur (de)	พนักงานตรวจตั๋ว	phá-nák ngaan dtrùat dtŭa
gang (in een trein)	ทางเดิน	thaang dern
noodrem (de)	เบรคฉุกเฉิน	bràyk chùk-chĕrn
coupé (de)	ตู้นอน	dtôo norn
bed (slaapplaats)	เตียง	dtiang
bovenste bed (het)	เตียงบน	dtiang bon
onderste bed (het)	เตียงล่าง	dtiang lâang
beddengoed (het)	ชุดเครื่องนอน	chút khrêuang norn
kaartje (het)	ตั๋ว	dtŭa
dienstregeling (de)	ตารางเวลา	dtaa-raang way-laa
informatiebord (het)	กระดานแสดงข้อมูล	grà daan sà-daeng khôr moon
vertrekken (De trein vertrekt …)	ออกเดินทาง	òrk dern thaang
vertrek (ov. een trein)	การออกเดินทาง	gaan òrk dern thaang
aankomen (ov. de treinen)	มาถึง	maa thĕung
aankomst (de)	การมาถึง	gaan maa thĕung
aankomen per trein	มาถึงโดยรถไฟ	maa thĕung doi rót fai
in de trein stappen	ขึ้นรถไฟ	khêun rót fai
uit de trein stappen	ลงจากรถไฟ	long jàak rót fai
treinwrak (het)	รถไฟตกราง	rót fai dtòk raang
ontspoord zijn	ตกราง	dtòk raang
stoomlocomotief (de)	หัวรถจักรไอน้ำ	hŭa rót jàk ai náam
stoker (de)	คนควบคุมเตาไฟ	khon khûap khum dtao fai

stookplaats (de)	เตาไฟ	dtao fai
steenkool (de)	ถ่านหิน	thàan hǐn

107. Schip

schip (het)	เรือ	reua
vaartuig (het)	เรือ	reua
stoomboot (de)	เรือจักรไอน้ำ	reua jàk ai náam
motorschip (het)	เรือลองแม่น้ำ	reua lông mâe náam
lijnschip (het)	เรือเดินสมุทร	reua dern sà-mùt
kruiser (de)	เรือลาดตระเวน	reua lâat dtrà-wayn
jacht (het)	เรือยอชต์	reua yôt
sleepboot (de)	เรือลากจูง	reua lâak joong
duwbak (de)	เรือบรรทุก	reua ban-thúk
ferryboot (de)	เรือข้ามฟาก	reua khâam fâak
zeilboot (de)	เรือใบ	reua bai
brigantijn (de)	เรือใบสองเสากระโดง	reua bai sǒrng sǎo grà-dohng
ijsbreker (de)	เรือตัดน้ำแข็ง	reua dtàt náam khǎeng
duikboot (de)	เรือดำน้ำ	reua dam náam
boot (de)	เรือพาย	reua phaai
sloep (de)	เรือบดเล็ก	reua bòt lék
reddingssloep (de)	เรือชูชีพ	reua choo chêep
motorboot (de)	เรือยนต์	reua yon
kapitein (de)	กัปตัน	gàp dtan
zeeman (de)	นาวิน	naa-win
matroos (de)	คนเรือ	khon reua
bemanning (de)	กะลาสี	gà-laa-sěe
bootsman (de)	สรั่ง	sà-ràng
scheepsjongen (de)	ดูนช่วยงานในเรือ	khon chûay ngaan nai reua
kok (de)	กุ๊ก	gúk
scheepsarts (de)	แพทย์เรือ	phâet reua
dek (het)	ดาดฟ้าเรือ	dàat-fáa reua
mast (de)	เสากระโดงเรือ	sǎo grà-dohng reua
zeil (het)	ใบเรือ	bai reua
ruim (het)	ท้องเรือ	thórng-reua
voorsteven (de)	หัวเรือ	hǔa-reua
achtersteven (de)	ท้ายเรือ	tháai reua
roeispaan (de)	ไม้พาย	máai phaai
schroef (de)	ใบจักร	bai jàk
kajuit (de)	ห้องพัก	hôrng phák
officierskamer (de)	ห้องอาหาร	hôrng aa-hǎan
machinekamer (de)	ห้องเครื่องยนต์	hôrng khrêuang yon
brug (de)	สะพานเดินเรือ	sà-phaan dern reua
radiokamer (de)	ห้องวิทยุ	hôrng wít-thá-yú

radiogolf (de)	คลื่นความถี่	khlêun khwaam thèe
logboek (het)	สมุดบันทึก	sà-mùt ban-théuk
verrekijker (de)	กล้องส่องทางไกล	glôrng sòrng thaang glai
klok (de)	ระฆัง	rá-khang
vlag (de)	ธง	thorng
kabel (de)	เชือก	chêuak
knoop (de)	ปม	bpom
leuning (de)	ราว	raao
trap (de)	ไม่พาดให้ขึ้นลงเรือ	mái phâat hâi khêun long reua
anker (het)	สมอ	sà-mǒr
het anker lichten	ถอนสมอ	thǒrn sà-mǒr
het anker neerlaten	ทอดสมอ	thôrt sà-mǒr
ankerketting (de)	โซ่สมอเรือ	sôh sà-mǒr reua
haven (bijv. containerhaven)	ท่าเรือ	thâa reua
kaai (de)	ท่า	thâa
aanleggen (ww)	จอดเทียบบุท่า	jòt thîap tâa
wegvaren (ww)	ออกจากท่า	òrk jàak tâa
reis (de)	การเดินทาง	gaan dern thaang
cruise (de)	การล่องเรือ	gaan lôrng reua
koers (de)	เส้นทาง	sên thaang
route (de)	เส้นทาง	sên thaang
vaarwater (het)	ร่องเรือเดิน	rông reua dern
zandbank (de)	โขด	khòht
stranden (ww)	เกยตื้น	goie dtêun
storm (de)	พายุ	phaa-yú
signaal (het)	สัญญาณ	sǎn-yaan
zinken (ov. een boot)	ล่ม	lôm
Man overboord!	คนตกเรือ!	kon dtòk reua
SOS (noodsignaal)	SOS	es-o-es
reddingsboei (de)	ห่วงยาง	hùang yaang

108. Vliegveld

luchthaven (de)	สนามบิน	sà-nǎam bin
vliegtuig (het)	เครื่องบิน	khrêuang bin
luchtvaartmaatschappij (de)	สายการบิน	sǎai gaan bin
luchtverkeersleider (de)	เจ้าหน้าที่ควบคุมจราจรทางอากาศ	jâo nâa-thêe khûap khum jà-raa-jon thaang aa-gàat
vertrek (het)	การออกเดินทาง	gaan òrk dern thaang
aankomst (de)	การมาถึง	gaan maa thěung
aankomen (per vliegtuig)	มาถึง	maa thěung
vertrektijd (de)	เวลาขาไป	way-laa khǎa bpai
aankomstuur (het)	เวลามาถึง	way-laa maa thěung

vertraagd zijn (ww)	ถูกเลื่อน	thòok lêuan
vluchtvertraging (de)	เลื่อนเที่ยวบิน	lêuan thieow bin
informatiebord (het)	กระดานแสดงข้อมูล	grà daan sà-daeng khôr moon
informatie (de)	ข้อมูล	khôr moon
aankondigen (ww)	ประกาศ	bprà-gàat
vlucht (bijv. KLM ~)	เที่ยวบิน	thîeow bin
douane (de)	ศุลกากร	sǔn-lá-gaa-gon
douanier (de)	เจ้าหน้าที่ศุลกากร	jâo nâa-thêe sǔn-lá-gaa-gon
douaneaangifte (de)	แบบฟอร์มการเสียภาษีศุลกากร	bàep form gaan sǐa phaa-sěe sǔn-lá-gaa-gon
invullen (douaneaangifte ~)	กรอก	gròrk
een douaneaangifte invullen	กรอกแบบฟอร์มการเสียภาษี	gròrk bàep form gaan sǐa paa-sěe
paspoortcontrole (de)	จุดตรวจหนังสือเดินทาง	jùt dtrùat nǎng-sěu dern-thaang
bagage (de)	สัมภาระ	sǎm-phaa-rá
handbagage (de)	กระเป๋าถือ	grà-bpǎo thěu
bagagekarretje (het)	รถขนสัมภาระ	rót khǒn sǎm-phaa-rá
landing (de)	การลงจอด	gaan long jòrt
landingsbaan (de)	ลานบินลงจอด	laan bin long jòrt
landen (ww)	ลงจอด	long jòrt
vliegtuigtrap (de)	ทางขึ้นลงเครื่องบิน	thaang khêun long khrêuang bin
inchecken (het)	การเช็คอิน	gaan chék in
incheckbalie (de)	เคาน์เตอร์เช็คอิน	khao-dtêr chék in
inchecken (ww)	เช็คอิน	chék in
instapkaart (de)	บัตรที่นั่ง	bàt thêe nâng
gate (de)	ช่องเขา	chôrng khâo
transit (de)	การต่อเที่ยวบิน	gaan tòr thîeow bin
wachten (ww)	รอ	ror
wachtzaal (de)	ห้องผู้โดยสารขาออก	hôrng phôo doi sǎan khǎa òk
begeleiden (uitwuiven)	ไปส่ง	bpai sòng
afscheid nemen (ww)	บอกลา	bòrk laa

Gebeurtenissen in het leven

109. Vakanties. Evenement

feest (het)	วันหยุดเฉลิมฉลอง	wan yùt chà-lěrm chà-lŏng
nationale feestdag (de)	วันชาติ	wan châat
feestdag (de)	วันหยุดนักขัตฤกษ์	wan yùt nák-kàt-rêrk
herdenken (ww)	เฉลิมฉลอง	chà-lěrm chà-lŏrng
gebeurtenis (de)	เหตุการณ์	hàyt gaan
evenement (het)	งานอีเวนต์	ngaan ee wayn
banket (het)	งานเลี้ยง	ngaan líang
receptie (de)	งานเลี้ยง	ngaan líang
feestmaal (het)	งานฉลอง	ngaan chà-lŏrng
verjaardag (de)	วันครบรอบ	wan khróp rôrp
jubileum (het)	วันครบรอบปี	wan khróp rôrp bpee
vieren (ww)	ฉลอง	chà-lŏrng
Nieuwjaar (het)	ปีใหม่	bpee mài
Gelukkig Nieuwjaar!	สวัสดีปีใหม่!	sà-wàt-dee bpee mài
Sinterklaas (de)	ซานตาคลอส	saan-dtaa-khlôrt
Kerstfeest (het)	คริสต์มาส	khrít-mâat
Vrolijk kerstfeest!	สุขสันต์วันคริสต์มาส	sùk-săn wan khrít-mâat
kerstboom (de)	ต้นคริสต์มาส	dtôn khrít-mâat
vuurwerk (het)	ดอกไม้ไฟ	dòrk máai fai
bruiloft (de)	งานแต่งงาน	ngaan dtàeng ngaan
bruidegom (de)	เจ้าบ่าว	jâo bàao
bruid (de)	เจ้าสาว	jâo săao
uitnodigen (ww)	เชิญ	chern
uitnodigingskaart (de)	บัตรเชิญ	bàt chern
gast (de)	แขก	khàek
op bezoek gaan	ไปเยี่ยม	bpai yîam
gasten verwelkomen	ต้อนรับแขก	dton ráp khàek
geschenk, cadeau (het)	ของขวัญ	khŏrng khwăn
geven (iets cadeau ~)	ให้	hâi
geschenken ontvangen	รับของขวัญ	ráp khŏrng khwăn
boeket (het)	ช่อดอกไม้	chôr dòrk máai
felicitaties (mv.)	คำแสดงความยินดี	kham sà-daeng khwaam yin-dee
feliciteren (ww)	แสดงความยินดี	sà-daeng khwaam yin dee
wenskaart (de)	บัตรอวยพร	bàt uay phon
een kaartje versturen	ส่งโปสการ์ด	sòng bpòht-gàat

een kaartje ontvangen	รับโปสการ์ด	ráp bpòht-gàat
toast (de)	ดื่มอวยพร	dèum uay phon
aanbieden (een drankje ~)	เลี้ยงเครื่องดื่ม	líang khrêuang dèum
champagne (de)	แชมเปญ	chaem-bpayn
plezier hebben (ww)	มีความสุข	mee khwaam sùk
plezier (het)	ความรื่นเริง	khwaam rêun-rerng
vreugde (de)	ความสุขสันต์	khwaam sùk-săn
dans (de)	การเต้น	gaan dtên
dansen (ww)	เต้น	dtên
wals (de)	วอลทซ์	wɔːlts
tango (de)	แทงโก	thaeng-gôh

110. Begrafenissen. Begrafenis

kerkhof (het)	สุสาน	sù-săan
graf (het)	หลุมศพ	lŭm sòp
kruis (het)	ไม้กางเขน	mái gaang khăyn
grafsteen (de)	ป้ายหลุมศพ	bpâai lŭm sòp
omheining (de)	รั้ว	rúa
kapel (de)	โรงสวด	rohng sùat
dood (de)	ความตาย	khwaam dtaai
sterven (ww)	ตาย	dtaai
overledene (de)	ผู้เสียชีวิต	phôo sĭa chee-wít
rouw (de)	การไว้อาลัย	gaan wái aa-lai
begraven (ww)	ฝังศพ	făng sòp
begrafenisonderneming (de)	บริษัทรับจัดงานศพ	bor-rí-sàt ráp jàt ngaan sòp
begrafenis (de)	งานศพ	ngaan sòp
krans (de)	พวงหรีด	phuang rèet
doodskist (de)	โลงศพ	lohng sòp
lijkwagen (de)	รถขนศพ	rót khŏn sòp
lijkkleed (de)	ผ้าห่อศพ	phâa hòr sòp
begrafenisstoet (de)	พิธีศพ	phí-tee sòp
urn (de)	โกศ	gòht
crematorium (het)	เมรุ	mayn
overlijdensbericht (het)	ข่าวมรณกรรม	khàao mor-rá-ná-gam
huilen (wenen)	ร้องไห้	rórng hâi
snikken (huilen)	สะอื้น	sà-êun

111. Oorlog. Soldaten

peloton (het)	หมวด	mùat
compagnie (de)	กองร้อย	gorng rói
regiment (het)	กรม	grom
leger (armee)	กองทัพ	gorng tháp

divisie (de)	กองพล	gorng phon-la
sectie (de)	หมู่	mòo
troep (de)	กองทัพ	gorng tháp

soldaat (militair)	ทหาร	thá-hăan
officier (de)	นายทหาร	naai thá-hăan

soldaat (rang)	พลทหาร	phon-thá-hăan
sergeant (de)	สิบเอก	sìp àyk
luitenant (de)	ร้อยโท	rói thoh
kapitein (de)	ร้อยเอก	rói àyk
majoor (de)	พลตรี	phon-dtree

kolonel (de)	พันเอก	phan àyk
generaal (de)	นายพล	naai phon

matroos (de)	กะลาสี	gà-laa-sĕe
kapitein (de)	กัปตัน	gàp dtan
bootsman (de)	สรังเรือ	sà-ràng reua

artillerist (de)	ทหารปืนใหญ่	thá-hăan bpeun yài
valschermjager (de)	พลรม	phon-rôm
piloot (de)	นักบิน	nák bin

stuurman (de)	ต้นหน	dtôn hŏn
mecanicien (de)	ช่างเครื่อง	châang khrêuang

sappeur (de)	ทหารช่าง	thá-hăan châang
parachutist (de)	ทหารราบอากาศ	thá-hăan râap aa-gàat

verkenner (de)	ทหารพราน	thá-hăan phraan
scherpschutter (de)	พลซุ่มยิง	phon sûm ying

patrouille (de)	หน่วยลาดตระเวน	nùay lâat dtrà-wayn
patrouilleren (ww)	ลาดตระเวน	lâat dtrà-wayn
wacht (de)	ทหารยาม	tá-hăan yaam

krijger (de)	นักรบ	nák róp
patriot (de)	ผู้รักชาติ	phôo rák châat

held (de)	วีรบุรุษ	wee-rá-bù-rùt
heldin (de)	วีรสตรี	wee rá-sot dtree

verrader (de)	ผู้ทรยศ	phôo thor-rá-yót
verraden (ww)	ทรยศ	thor-rá-yót

deserteur (de)	ทหารหนีทัพ	thá-hăan nĕe tháp
deserteren (ww)	หนีทัพ	nĕe tháp

huurling (de)	ทหารรับจ้าง	thá-hăan ráp jâang
rekruut (de)	เกณฑ์ทหาร	gayn thá-hăan
vrijwilliger (de)	อาสาสมัคร	aa-săa sà-màk

gedode (de)	ดูนถูกฆ่า	khon thòok khâa
gewonde (de)	ผู้ได้รับบาดเจ็บ	phôo dâai ráp bàat jèp
krijgsgevangene (de)	เชลยศึก	chá-loie sèuk

112. Oorlog. Militaire acties. Deel 1

oorlog (de)	สงคราม	sŏng-khraam
oorlog voeren (ww)	ทำสงคราม	tham sŏng-khraam
burgeroorlog (de)	สงครามกลางเมือง	sŏng-khraam glaang-meuang
achterbaks (bw)	ตลบตะแลง	dtà-lòp-dtà-laeng
oorlogsverklaring (de)	การประกาศสงคราม	gaan bprà-gàat sŏng-khraam
verklaren (de oorlog ~)	ประกาศสงคราม	bprà-gàat sŏng-khraam
agressie (de)	การรุกราน	gaan rúk-raan
aanvallen (binnenvallen)	บุกรุก	bùk rúk
binnenvallen (ww)	บุกรุก	bùk rúk
invaller (de)	ผู้บุกรุก	phôo bùk rúk
veroveraar (de)	ผู้ยึดครอง	phôo yéut khrorng
verdediging (de)	การป้องกัน	gaan bpôrng gan
verdedigen (je land ~)	ปกป้อง	bpòk bpôrng
zich verdedigen (ww)	ป้องกัน	bpôrng gan
vijand (de)	ศัตรู	sàt-dtroo
tegenstander (de)	ข้าศึก	khâa sèuk
vijandelijk (bn)	ศัตรู	sàt-dtroo
strategie (de)	ยุทธศาสตร์	yút-thá-sàat
tactiek (de)	ยุทธวิธี	yút-thá-wí-thee
order (de)	คำสั่ง	kham sàng
bevel (het)	คำบัญชาการ	kham ban-chaa gaan
bevelen (ww)	สั่ง	sàng
opdracht (de)	ภารกิจ	phaa-rá-gìt
geheim (bn)	อย่างลับ	yàang láp
strijd, slag (de)	การรบ	gaan róp
aanval (de)	การจู่โจม	gaan jòo johm
bestorming (de)	การเข้าจู่โจม	gaan khâo jòo johm
bestormen (ww)	บุกจู่โจม	bùk jòo johm
bezetting (de)	การโอบล้อมโจมตี	gaan òhp lóm johm dtee
aanval (de)	การโจมตี	gaan johm dtee
in het offensief te gaan	โจมตี	johm dtee
terugtrekking (de)	การถอย	gaan thŏi
zich terugtrekken (ww)	ถอย	thŏi
omsingeling (de)	การปิดล้อม	gaan bpìt lórm
omsingelen (ww)	ปิดล้อม	bpìt lórm
bombardement (het)	การทิ้งระเบิด	gaan thíng rá-bèrt
een bom gooien	ทิ้งระเบิด	thíng rá-bèrt
bombarderen (ww)	ทิ้งระเบิด	thíng rá-bèrt
ontploffing (de)	การระเบิด	gaan rá-bèrt
schot (het)	การยิง	gaan ying
een schot lossen	ยิง	ying

schieten (het)	การยิง	gaan ying
mikken op (ww)	เล็ง	leng
aanleggen (een wapen ~)	ชี้	chée
treffen (doelwit ~)	ถูกเป้าหมาย	thòok bpâo măai

zinken (tot zinken brengen)	จม	jom
kogelgat (het)	รู	roo
zinken (gezonken zijn)	จม	jom

front (het)	แนวหน้า	naew nâa
evacuatie (de)	การอพยพ	gaan òp-phá-yóp
evacueren (ww)	อพยพ	òp-phá-yóp

loopgraaf (de)	สนามเพลาะ	sà-năam phlór
prikkeldraad (de)	ลวดหนาม	lûat năam
verdedigingsobstakel (het)	สิ่งกีดขวาง	sìng gèet-khwăang
wachttoren (de)	หอสังเกตการณ์	hŏr săng-gàyt gaan

hospitaal (het)	โรงพยาบาลทหาร	rohng phá-yaa-baan thá-hăan
verwonden (ww)	ทำให้บาดเจ็บ	tham hâi bàat jèp
wond (de)	แผล	phlăe
gewonde (de)	ผู้ได้รับบาดเจ็บ	phôo dâai ráp bàat jèp
gewond raken (ww)	ได้รับบาดเจ็บ	dâai ráp bàat jèp
ernstig (~e wond)	รายแรง	ráai raeng

113. Oorlog. Militaire acties. Deel 2

krijgsgevangenschap (de)	การเป็นเชลย	gaan bpen chá-loie
krijgsgevangen nemen	จับเชลย	jàp chá-loie
krijgsgevangene zijn	เป็นเชลย	bpen chá-loie
krijgsgevangen genomen worden	ถูกจับเป็นเชลย	thòok jàp bpen chá-loie

concentratiekamp (het)	ค่ายกักกัน	khâai gàk gan
krijgsgevangene (de)	เชลยศึก	chá-loie sèuk
vluchten (ww)	หนี	nĕe

verraden (ww)	ทรยศ	thor-rá-yót
verrader (de)	ผู้ทรยศ	phôo thor-rá-yót
verraad (het)	การทรยศ	gaan thor-rá-yót

fusilleren (executeren)	ประหาร	bprà-hăan
executie (de)	การประหาร	gaan bprà-hăan

uitrusting (de)	ชุดเสื้อผ้าทหาร	chút sêua phâa thá-hăan
schouderstuk (het)	บั้ง	báng
gasmasker (het)	หน้ากากกันแก๊ส	nâa gàak gan gáet

portofoon (de)	วิทยุสนาม	wít-thá-yú sà-năam
geheime code (de)	รหัส	rá-hàt
samenzwering (de)	ความลับ	khwaam láp
wachtwoord (het)	รหัสผ่าน	rá-hàt phàan
mijn (landmijn)	กับระเบิด	gàp rá-bèrt

ondermijnen (legden mijnen)	วางกับระเบิด	waang gàp rá-bèrt
mijnenveld (het)	เขตทุ่นระเบิด	khàyt thûn rá-bèrt
luchtalarm (het)	สัญญาณเตือนภัยทางอากาศ	săn-yaan dteuan phai thaang aa-gàat
alarm (het)	สัญญาณเตือนภัย	săn-yaan dteuan phai
signaal (het)	สัญญาณ	săn-yaan
vuurpijl (de)	พลุสัญญาณ	phlú săn-yaan
staf (generale ~)	กองบัญชาการ	gorng ban-chaa gaan
verkenning (de)	การลาดตระเวน	gaan lâat dtrà-wayn
toestand (de)	สถานการณ์	sà-thăan gaan
rapport (het)	การรายงาน	gaan raai ngaan
hinderlaag (de)	การซุ่มโจมตี	gaan sûm johm dtee
versterking (de)	กำลังเสริม	gam-lang sěrm
doel (bewegend ~)	เป้าหมาย	bpâo măai
proefterrein (het)	สถานที่ทดลอง	sà-tăan thêe thót long
manoeuvres (mv.)	การซ้อมรบ	gaan sórm róp
paniek (de)	ความตื่นตระหนก	khwaam dtèun dtrà-nòk
verwoesting (de)	การทำลายล้าง	gaan tham-laai láang
verwoestingen (mv.)	ซาก	sâak
verwoesten (ww)	ทำลาย	tham laai
overleven (ww)	รอดชีวิต	rôt chee-wít
ontwapenen (ww)	ปลดอาวุธ	bplòt aa-wút
behandelen (een pistool ~)	ใช้	chái
Geeft acht!	หยุด	yùt
Op de plaats rust!	พัก	phák
heldendaad (de)	การแสดงความกล้าหาญ	gaan sà-daeng khwaam glâa hăan
eed (de)	คำสาบาน	kham săa-baan
zweren (een eed doen)	สาบาน	săa baan
decoratie (de)	รางวัล	raang-wan
onderscheiden (een ereteken geven)	มอบรางวัล	mòrp raang-wan
medaille (de)	เหรียญรางวัล	rĭan raang-wan
orde (de)	เครื่องอิสริยาภรณ์	khrêuang ìt-sà-rí-yaa-phon
overwinning (de)	ชัยชนะ	chai chá-ná
verlies (het)	ความพ่ายแพ้	khwaam phâai pháe
wapenstilstand (de)	การพักรบ	gaan phák róp
wimpel (vaandel)	ธงรบ	thorng róp
roem (de)	ความรุ่งโรจน์	khwaam rûng-rôht
parade (de)	ขบวนสวนสนาม	khà-buan sŭan sà-năam
marcheren (ww)	เดินสวนสนาม	dern sŭan sà-năam

114. Wapens

wapens (mv.)	อาวุธ	aa-wút
vuurwapens (mv.)	อาวุธปืน	aa-wút bpeun

koude wapens (mv.)	อาวุธเย็น	aa-wút yen
chemische wapens (mv.)	อาวุธเคมี	aa-wút khay-mee
kern-, nucleair (bn)	นิวเคลียร์	niw-khlia
kernwapens (mv.)	อาวุธนิวเคลียร์	aa-wút niw-khlia
bom (de)	ลูกระเบิด	lôok rá-bèrt
atoombom (de)	ลูกระเบิดปรมาณู	lôok rá-bèrt bpà-rá-maa-noo
pistool (het)	ปืนพก	bpeun phók
geweer (het)	ปืนไรเฟิล	bpeun rai-fern
machinepistool (het)	ปืนกลมือ	bpeun gon meu
machinegeweer (het)	ปืนกล	bpeun gon
loop (schietbuis)	ปากประบอกปืน	bpàak bprà bòrk bpeun
loop (bijv. geweer met kortere ~)	ลำกลอง	lam glôrng
kaliber (het)	ขนาดลำกล้อง	khà-nàat lam glôrng
trekker (de)	ไกปืน	gai bpeun
korrel (de)	ศูนย์เล็ง	sŏon leng
magazijn (het)	แม็กกาซีน	máek-gaa-seen
geweerkolf (de)	พานท้ายปืน	phaan tháai bpeun
granaat (handgranaat)	ระเบิดมือ	rá-bèrt meu
explosieven (mv.)	วัตถุระเบิด	wát-thù rá-bèrt
kogel (de)	ลูกกระสุน	lôok grà-sŭn
patroon (de)	ตลับกระสุน	dtà-làp grà-sŭn
lading (de)	กระสุน	grà-sŭn
ammunitie (de)	อาวุธยุทธภัณฑ์	aa-wút yút-thá-phan
bommenwerper (de)	เครื่องบินทิ้งระเบิด	khrêuang bin thíng rá-bèrt
straaljager (de)	เครื่องบินขับไล่	khrêuang bin khàp lâi
helikopter (de)	เฮลิคอปเตอร์	hay-lí-khôrp-dtêr
afweergeschut (het)	ปืนต่อสู้อากาศยาน	bpeun dtòr sôo aa-gàat-sà-yaan
tank (de)	รถถัง	rót thăng
kanon (tank met een ~ van 76 mm)	ปืนรถถัง	bpeun rót thăng
artillerie (de)	ปืนใหญ่	bpeun yài
kanon (het)	ปืน	bpeun
aanleggen (een wapen ~)	เล็งเป้าปืน	leng bpâo bpeun
projectiel (het)	กระสุน	grà-sŭn
mortiergranaat (de)	กระสุนปืนครก	grà-sŭn bpeun khrók
mortier (de)	ปืนครก	bpeun khrók
granaatscherf (de)	สะเก็ดระเบิด	sà-gèt rá-bèrt
duikboot (de)	เรือดำน้ำ	reua dam náam
torpedo (de)	ตอร์ปิโด	dtor-bpì-doh
raket (de)	ขีปนาวุธ	khĕe-bpà-naa-wút
laden (geweer, kanon)	ใส่กระสุน	sài grà-sŭn
schieten (ww)	ยิง	ying

richten op (mikken)	เล็ง	leng
bajonet (de)	ดาบปลายปืน	dàap bplaai bpeun
degen (de)	เรเปียร์	ray-bpia
sabel (de)	ดาบโค้ง	dàap khóhng
speer (de)	หอก	hòrk
boog (de)	ธนู	thá-noo
pijl (de)	ลูกธนู	lôok-thá-noo
musket (de)	ปืนคาบศิลา	bpeun khâap sì-laa
kruisboog (de)	หน้าไม้	nâa máai

115. Oude mensen

primitief (bn)	แบบดั้งเดิม	bàep dâng derm
voorhistorisch (bn)	ยุคก่อนประวัติศาสตร์	yúk gòn bprà-wàt sàat
eeuwenoude (~ beschaving)	โบราณ	boh-raan
Steentijd (de)	ยุคหิน	yúk hĭn
Bronstijd (de)	ยุคสำริด	yúk săm-rít
IJstijd (de)	ยุคน้ำแข็ง	yúk nám khăeng
stam (de)	เผ่า	phào
menseneter (de)	ผู้ที่กินเนื้อคน	phôo thêe gin néua khon
jager (de)	นักล่าสัตว์	nák lâa sàt
jagen (ww)	ล่าสัตว์	lâa sàt
mammoet (de)	ช้างแมมมอธ	cháang-maem-môt
grot (de)	ถ้ำ	thâm
vuur (het)	ไฟ	fai
kampvuur (het)	กองไฟ	gorng fai
rotstekening (de)	ภาพวาดในถ้ำ	phâap-wâat nai thâm
werkinstrument (het)	เครื่องมือ	khrêuang meu
speer (de)	หอก	hòrk
stenen bijl (de)	ขวานหิน	khwăan hĭn
oorlog voeren (ww)	ทำสงคราม	tham sŏng-khraam
temmen (bijv. wolf ~)	เชื่อง	chêuang
idool (het)	เทวรูป	theu-rôop
aanbidden (ww)	บูชา	boo-chaa
bijgeloof (het)	ความเชื่องมงาย	khwaam chêua ngom-ngaai
ritueel (het)	พิธีกรรม	phí-thee gam
evolutie (de)	วิวัฒนาการ	wí-wát-thá-naa-gaan
ontwikkeling (de)	การพัฒนา	gaan phát-thá-naa
verdwijning (de)	การสูญพันธุ์	gaan sŏon phan
zich aanpassen (ww)	ปรับตัว	bpràp dtua
archeologie (de)	โบราณคดี	boh-raan khá-dee
archeoloog (de)	นักโบราณคดี	nák boh-raan-ná-khá-dee
archeologisch (bn)	ทางโบราณคดี	thaang boh-raan khá-dee
opgravingsplaats (de)	แหล่งขุดค้น	làeng khùt khón
opgravingen (mv.)	การขุดค้น	gaan khùt khón

vondst (de)	สิ่งที่ค้นพบ	sìng thêe khón phóp
fragment (het)	เศษชิ้นส่วน	sàyt chín sùan

116. Middeleeuwen

volk (het)	ชาติพันธุ์	châat-dtì-phan
volkeren (mv.)	ชาติพันธุ์	châat-dtì-phan
stam (de)	เผ่า	phào
stammen (mv.)	เผ่า	phào
barbaren (mv.)	อนารยชน	à-naa-rá-yá-chon
Galliërs (mv.)	ชาวโกล	chaao gloh
Goten (mv.)	ชาวกอธ	chaao gòt
Slaven (mv.)	ชาวสลาฟ	chaao sà-làaf
Vikings (mv.)	ชาวไวกิ้ง	chaao wai-gîng
Romeinen (mv.)	ชาวโรมัน	chaao roh-man
Romeins (bn)	โรมัน	roh-man
Byzantijnen (mv.)	ชาวไบแซนไทน์	chaao bai-saen-tpai
Byzantium (het)	ไบแซนเทียม	bai-saen-thiam
Byzantijns (bn)	ไบแซนไทน์	bai-saen-thai
keizer (bijv. Romeinse ~)	จักรพรรดิ	jàk-grà-phát
opperhoofd (het)	ผู้นำ	phôo nam
machtig (bn)	ทรงพลัง	song phá-lang
koning (de)	มูหากษัตริย์	má-hăa gà-sàt
heerser (de)	ผู้ปกครอง	phôo bpòk khrorng
ridder (de)	อัศวิน	àt-sà-win
feodaal (de)	เจ้าครองนคร	jâo khrorng ná-khon
feodaal (bn)	ระบบศักดินา	rá-bòp sàk-gà-dì naa
vazal (de)	เจ้าของที่ดิน	jâo khŏrng thêe din
hertog (de)	ดยุค	dà-yúk
graaf (de)	เอิร์ล	ern
baron (de)	บารอน	baa-rorn
bisschop (de)	พระบิชอป	phrá bì-chôp
harnas (het)	เกราะ	gròr
schild (het)	โล่	lôh
zwaard (het)	ดาบ	dàap
vizier (het)	กะบังหน้าของหมวก	gà-bang nâa khŏrng mùak
maliënkolder (de)	เสื้อเกราะถัก	sêua gròr thàk
kruistocht (de)	สงครามครูเสด	sŏng-khraam khroo-sàyt
kruisvaarder (de)	ผู้ทำสงครามศาสนา	phôo tham sŏng-kraam sàat-sà-năa
gebied (bijv. bezette ~en)	อาณาเขต	aa-naa khàyt
aanvallen (binnenvallen)	โจมตี	johm dtee
veroveren (ww)	ยึดครอง	yéut khrorng
innemen (binnenvallen)	บุกยึด	bùk yéut
bezetting (de)	การโอบล้อมโจมตี	gaan òhp lóm johm dtee

belegerd (bn)	ถูกล้อมกรอบ	thòok lóm gròp
belegeren (ww)	ล้อมโจมตี	lóm johm dtee
inquisitie (de)	การไต่สวน	gaan dtài sŭan
inquisiteur (de)	ผู้ไต่สวน	phôo dtài sŭan
foltering (de)	การทรมาน	gaan thor-rá-maan
wreed (bn)	โหดร้าย	hòht ráai
ketter (de)	ผู้นอกรีต	phôo nôrk rêet
ketterij (de)	ความนอกรีต	khwaam nôrk rêet
zeevaart (de)	การเดินเรือทะเล	gaan dern reua thá-lay
piraat (de)	โจรสลัด	john sà-làt
piraterij (de)	การปล้นสะดม ในน่านน้ำทะเล	gaan bplôn-sà-dom nai nâan náam thá-lay
enteren (het)	การบุกขึ้นเรือ	gaan bùk khêun reua
buit (de)	ของที่ปล้น สะดมมา	khŏrng têe bplôn-sà-dom maa
schatten (mv.)	สมบัติ	sŏm-bàt
ontdekking (de)	การค้นพบ	gaan khón phóp
ontdekken (bijv. nieuw land)	ค้นพบ	khón phóp
expeditie (de)	การสำรวจ	gaan săm-rùat
musketier (de)	ทหารถือ ปืนคาบศิลา	thá-hăan thĕu bpeun khâap sì-laa
kardinaal (de)	พระคาร์ดินัล	phrá khaa-dì-nan
heraldiek (de)	มุทราศาสตร์	mút-raa sàat
heraldisch (bn)	ทางมุทราศาสตร์	thaang mút-raa sàat

117. Leider. Baas. Autoriteiten

koning (de)	ราชา	raa-chaa
koningin (de)	ราชินี	raa-chí-nee
koninklijk (bn)	เกี่ยวกับราชวงศ์	gìeow gàp râat-cha-wong
koninkrijk (het)	ราชอาณาจักร	râat aa-naa jàk
prins (de)	เจ้าชาย	jâo chaai
prinses (de)	เจ้าหญิง	jâo yĭng
president (de)	ประธานาธิบดี	bprà-thaa-naa-thí-bor-dee
vicepresident (de)	รองประธานาธิบดี	rorng bprà-thaa-naa-thí-bor-dee
senator (de)	สมาชิกวุฒิสภา	sà-maa-chík wút-thí sà-phaa
monarch (de)	กษัตริย์	gà-sàt
heerser (de)	ผู้ปกครอง	phôo bpòk khrorng
dictator (de)	เผด็จการ	phà-dèt gaan
tiran (de)	ทรราช	thor-rá-râat
magnaat (de)	ผู้มีอิทธิพลสูง	phôo mee ìt-thí phon sŏong
directeur (de)	ผู้อำนวยการ	phôo am-nuay gaan
chef (de)	หัวหน้า	hŭa-nâa
beheerder (de)	ผู้จัดการ	phôo jàt gaan
baas (de)	หัวหน้า	hŭa-nâa

eigenaar (de)	เจ้าของ	jâo khŏrng
leider (de)	ผู้นำ	phôo nam
hoofd (bijv. ~ van de delegatie)	หัวหน้า	hŭa-nâa
autoriteiten (mv.)	เจ้าหน้าที่	jâo nâa-thêe
superieuren (mv.)	ผู้บังคับบัญชา	phôo bang-kháp ban-chaa
gouverneur (de)	ผู้ว่าการ	phôo wâa gaan
consul (de)	กงสุล	gong-sŭn
diplomaat (de)	นักการทูต	nák gaan thôot
burgemeester (de)	นายกเทศมนตรี	naa-yók thâyt-sà-mon-dtree
sheriff (de)	นายอำเภอ	naai am-pher
keizer (bijv. Romeinse ~)	จักรพรรดิ	jàk-grà-phát
tsaar (de)	ซาร์	saa
farao (de)	ฟาโรห์	faa-roh
kan (de)	ขาน	khàan

118. De wet overtreden. Criminelen. Deel 1

bandiet (de)	โจร	john
misdaad (de)	อาชญากรรม	àat-yaa-gam
misdadiger (de)	อาชญากร	àat-yaa-gon
dief (de)	ขโมย	khà-moi
stelen (ww)	ขโมย	khà-moi
stelen (de)	การลักขโมย	gaan lák khà-moi
diefstal (de)	การลักทรัพย์	gaan lák sáp
kidnappen (ww)	ลักพาตัว	lák phaa dtua
kidnapping (de)	การลักพาตัว	gaan lák phaa dtua
kidnapper (de)	ผู้ลักพาตัว	phôo lák phaa dtua
losgeld (het)	ค่าไถ่	khâa thài
eisen losgeld (ww)	เรียกเงินค่าไถ่	rîak ngern khâa thài
overvallen (ww)	ปล้น	bplôn
overval (de)	การปล้น	gaan bplôn
overvaller (de)	ขโมยขโจร	khà-moi khà-john
afpersen (ww)	รีดไถ	rêet thăi
afperser (de)	ผู้รีดไถ	phôo rêet thăi
afpersing (de)	การรีดไถ	gaan rêet thăi
vermoorden (ww)	ฆ่า	khâa
moord (de)	ฆาตกรรม	khâat-dtà-gaam
moordenaar (de)	ฆาตกร	khâat-dtà-gon
schot (het)	การยิงปืน	gaan ying bpeun
een schot lossen	ยิง	ying
neerschieten (ww)	ยิงให้ตาย	ying hâi dtaai
schieten (ww)	ยิง	ying
schieten (het)	การยิง	gaan ying
ongeluk (gevecht, enz.)	เหตุการณ์	hàyt gaan

gevecht (het)	การต่อสู้	gaan dtòr sôo
Help!	ขอช่วย	khŏr chûay
slachtoffer (het)	เหยื่อ	yèua
beschadigen (ww)	ทำความเสียหาย	tham khwaam sĭa hăai
schade (de)	ความเสียหาย	khwaam sĭa hăai
lijk (het)	ศพ	sòp
zwaar (~ misdrijf)	รายแรง	ráai raeng
aanvallen (ww)	จู่โจม	jòo johm
slaan (iemand ~)	ตี	dtee
in elkaar slaan (toetakelen)	ซ้อม	sórm
ontnemen (beroven)	ปล้น	bplôn
steken (met een mes)	แทงให้ตาย	thaeng hâi dtaai
verminken (ww)	ทำให้บาดเจ็บสาหัส	tham hâi bàat jèp săa hàt
verwonden (ww)	บาด	bàat
chantage (de)	การกรรโชก	gaan-gan-chôhk
chanteren (ww)	กรรโชก	gan-chôhk
chanteur (de)	ผู้กรรโชก	phôo khòo gan-chôhk
afpersing (de)	การคุมครอง ผิดกฎหมาย	gaan khum khrorng phìt gòt măai
afperser (de)	ผู้ที่หาเงิน จากกิจกรรมที่ ผิดกฎหมาย	phôo thêe hăa ngern jàak gìt-jà-gam thêe phìt gòt măai
gangster (de)	เหล่าร้าย	lào ráai
maffia (de)	มาเฟีย	maa-fia
kruimeldief (de)	ขโมยล้วงกระเป๋า	khà-moi lúang grà-bpăo
inbreker (de)	ขโมยย่องเบา	khà-moi yông bao
smokkelen (het)	การลักลอบ	gaan lák-lôrp
smokkelaar (de)	ผู้ลักลอบ	phôo lák lôrp
namaak (de)	การปลอมแปลง	gaan bplorm bplaeng
namaken (ww)	ปลอมแปลง	bplorm bplaeng
namaak-, vals (bn)	ปลอม	bplorm

119. De wet overtreden. Criminelen. Deel 2

verkrachting (de)	การข่มขืน	gaan khòm khĕun
verkrachten (ww)	ข่มขืน	khòm khĕun
verkrachter (de)	โจรข่มขืน	john khòm khĕun
maniak (de)	คนบ้า	khon bâa
prostituee (de)	โสเภณี	sŏh-phay-nee
prostitutie (de)	การค้าประเวณี	gaan kháa bprà-way-nee
pooier (de)	แมงดา	maeng-daa
drugsverslaafde (de)	ผู้ติดยาเสพติด	phôo dtìt yaa-sàyp-dtìt
drugshandelaar (de)	พ่อค้ายาเสพติด	phôr kháa yaa-sàyp-dtìt
opblazen (ww)	ระเบิด	rá-bèrt
explosie (de)	การระเบิด	gaan rá-bèrt

in brand steken (ww)	เผา	phǎo
brandstichter (de)	ผู้ลอบวางเพลิง	phôo lôp waang phlerng
terrorisme (het)	การก่อการร้าย	gaan gòr gaan ráai
terrorist (de)	ผู้ก่อการร้าย	phôo gòr gaan ráai
gijzelaar (de)	ตัวประกัน	dtua bprà-gan
bedriegen (ww)	ล่อลวง	lôr luang
bedrog (het)	การล่อลวง	gaan lôr luang
oplichter (de)	นักตมตุ๋น	nák dtôm dtǔn
omkopen (ww)	ติดสินบน	dtìt sǐn-bon
omkoperij (de)	การติดสินบน	gaan dtìt sǐn-bon
smeergeld (het)	สินบน	sǐn bon
vergif (het)	ยาพิษ	yaa phít
vergiftigen (ww)	วางยาพิษ	waang-yaa phít
vergif innemen (ww)	กินยาตาย	gin yaa dtaai
zelfmoord (de)	การฆ่าตัวตาย	gaan khâa dtua dtaai
zelfmoordenaar (de)	ผู้ฆ่าตัวตาย	phôo khâa dtua dtaai
bedreigen (bijv. met een pistool)	ขู่	khòo
bedreiging (de)	คำขู่	kham khòo
een aanslag plegen	พยายามฆ่า	phá-yaa-yaam khâa
aanslag (de)	การพยายามฆ่า	gaan phá-yaa-yaam khâa
stelen (een auto)	จี้	jêe
kapen (een vliegtuig)	จี้	jêe
wraak (de)	การแก้แค้น	gaan gâe kháen
wreken (ww)	แก้แค้น	gâe kháen
martelen (gevangenen)	ทรมาณ	thon-maan
foltering (de)	การทรมาน	gaan thor-rá-maan
folteren (ww)	ทำทารุณ	tam taa-run
piraat (de)	โจรสลัด	john sà-làt
straatschender (de)	นักเลง	nák-layng
gewapend (bn)	มีอาวุธ	mee aa-wút
geweld (het)	ความรุนแรง	khwaam run raeng
onwettig (strafbaar)	ผิดกฎหมาย	phìt gòt mǎai
spionage (de)	จารกรรม	jaa-rá-gam
spioneren (ww)	ลวงความลับ	lúang khwaam láp

120. Politie. Wet. Deel 1

justitie (de)	ยุติธรรม	yút-dtì-tham
gerechtshof (het)	ศาล	sǎan
rechter (de)	ผู้พิพากษา	phôo phí-phâak-sǎa
jury (de)	ลูกขุน	lôok khǔn

Nederlands	Thai	Transcriptie
juryrechtspraak (de)	การไต่สวนคดีแบบมีลูกขุน	gaan dtài sŭan khá-dee bàep mee lôok khŭn
berechten (ww)	พิพากษา	phí-phâak-sǎa
advocaat (de)	ทนายความ	thá-naai khwaam
beklaagde (de)	จำเลย	jam loie
beklaagdenbank (de)	คอกจำเลย	khôrk jam loie
beschuldiging (de)	ข้อกล่าวหา	khôr glàao hǎa
beschuldigde (de)	ถูกกล่าวหา	thòok glàao hǎa
vonnis (het)	การลงโทษ	gaan long thôht
veroordelen (in een rechtszaak)	พิพากษา	phí-phâak-sǎa
schuldige (de)	ผู้กระทำความผิด	phôo grà-tham khwaam phìt
straffen (ww)	ลงโทษ	long thôht
bestraffing (de)	การลงโทษ	gaan long thôht
boete (de)	ปรับ	bpràp
levenslange opsluiting (de)	การจำคุกตลอดชีวิต	gaan jam khúk dtà-lòt chee-wít
doodstraf (de)	โทษประหาร	thôht-bprà-hǎan
elektrische stoel (de)	เก้าอี้ไฟฟ้า	gâo-êe fai-fáa
schavot (het)	ตะแลงแกง	dtà-laeng-gaeng
executeren (ww)	ประหาร	bprà-hǎan
executie (de)	การประหาร	gaan bprà-hǎan
gevangenis (de)	คุก	khúk
cel (de)	ห้องขัง	hôrng khǎng
konvooi (het)	ผู้ควบคุมตัว	phôo khûap khum dtua
gevangenisbewaker (de)	ผู้คุม	phôo khum
gedetineerde (de)	นักโทษ	nák thôht
handboeien (mv.)	กุญแจมือ	gun-jae meu
handboeien omdoen	ใส่กุญแจมือ	sài gun-jae meu
ontsnapping (de)	การแหกคุก	gaan hàek khúk
ontsnappen (ww)	แหก	hàek
verdwijnen (ww)	หายตัวไป	hǎai dtua bpai
vrijlaten (uit de gevangenis)	ถูกปล่อยตัว	thòok bplòi dtua
amnestie (de)	การนิรโทษกรรม	gaan ní-rá-thôht gam
politie (de)	ตำรวจ	dtam-rùat
politieagent (de)	เจ้าหน้าที่ตำรวจ	jâo nâa-thêe dtam-rùat
politiebureau (het)	สถานีตำรวจ	sà-thǎa-nee dtam-rùat
knuppel (de)	กระบองตำรวจ	grà-bong dtam-rùat
megafoon (de)	โทรโข่ง	toh-ra -khòhng
patrouilleerwagen (de)	รถลาดตระเวน	rót lâat dtrà-wayn
sirene (de)	หวอ	wǒr
de sirene aansteken	เปิดหวอ	bpèrt wǒr
geloei (het) van de sirene	เสียงหวอ	sǐang wǒr
plaats delict (de)	ที่เกิดเหตุ	thêe gèrt hàyt

getuige (de)	พยาน	phá-yaan
vrijheid (de)	อิสุระ	ìt-sà-rà
handlanger (de)	ผู้รวมกระทำผิด	phôo rûam grà-tham phìt
ontvluchten (ww)	หนี	nĕe
spoor (het)	รองรอย	rông roi

121. Politie. Wet. Deel 2

opsporing (de)	การสืบสวน	gaan sèup sŭan
opsporen (ww)	หาตัว	hăa dtua
verdenking (de)	ความสงสัย	khwaam sŏng-săi
verdacht (bn)	นาสงสัย	nâa sŏng-săi
aanhouden (stoppen)	เรียกใหหยุด	rîak hâi yùt
tegenhouden (ww)	กักตัว	gàk dtua
strafzaak (de)	คดี	khá-dee
onderzoek (het)	การสืบสวน	gaan sèup sŭan
detective (de)	นักสืบ	nák sèup
onderzoeksrechter (de)	นักสอบสวน	nák sòrp sŭan
versie (de)	สันนิษฐาน	săn-nít-thăan
motief (het)	เหตุจูงใจ	hàyt joong jai
verhoor (het)	การสอบปากคำ	gaan sòp bpàak kham
ondervragen (door de politie)	สอบสวน	sòrp sŭan
ondervragen (omstanders ~)	ไถถาม	thài thăam
controle (de)	การตรวจสอบ	gaan dtrùat sòp
razzia (de)	การรวบตัว	gaan rûap dtua
huiszoeking (de)	การตรวจคน	gaan dtrùat khón
achtervolging (de)	การไลลา	gaan lâi lâa
achtervolgen (ww)	ไลลา	lâi lâa
opsporen (ww)	สืบ	sèup
arrest (het)	การจับกุม	gaan jàp gum
arresteren (ww)	จับกุม	jàp gum
vangen, aanhouden (een dief, enz.)	จับ	jàp
aanhouding (de)	การจับ	gaan jàp
document (het)	เอกสาร	àyk săan
bewijs (het)	หลักฐาน	làk thăan
bewijzen (ww)	พิสูจน์	phí-sòot
voetspoor (het)	รอยเทา	roi tháo
vingerafdrukken (mv.)	รอยนิ้วมือ	roi níw meu
bewijs (het)	หลักฐาน	làk thăan
alibi (het)	ข้อแก้ตัว	khôr gâe dtua
onschuldig (bn)	พนผิด	phón phìt
onrecht (het)	ความอยุติธรรม	khwaam a-yút-dtì-tam
onrechtvaardig (bn)	ไม่เป็นธรรม	mâi bpen-tham
crimineel (bn)	อาชญากร	àat-yaa-gon
confisqueren (in beslag nemen)	ยึด	yéut

drug (de)	ยาเสพติด	yaa sàyp dtìt
wapen (het)	อาวุธ	aa-wút
ontwapenen (ww)	ปลดอาวุธ	bplòt aa-wút
bevelen (ww)	ออกคำสั่ง	òrk kham sàng
verdwijnen (ww)	หายตัวไป	hăai dtua bpai

wet (de)	กฎหมาย	gòt măai
wettelijk (bn)	ตามกฎหมาย	dtaam gòt măai
onwettelijk (bn)	ผิดกฎหมาย	phìt gòt măai

verantwoordelijkheid (de)	ความรับผิดชอบ	khwaam ráp phìt chôp
verantwoordelijk (bn)	รับผิดชอบ	ráp phìt chôp

NATUUR

De Aarde. Deel 1

122. De kosmische ruimte

kosmos (de)	อวกาศ	a-wá-gàat
kosmisch (bn)	ทางอวกาศ	thang a-wá-gàat
kosmische ruimte (de)	อวกาศ	a-wá-gàat
wereld (de)	โลก	lôhk
heelal (het)	จักรวาล	jàk-grà-waan
sterrenstelsel (het)	ดาราจักร	daa-raa jàk
ster (de)	ดาว	daao
sterrenbeeld (het)	กลุ่มดาว	glùm daao
planeet (de)	ดาวเคราะห์	daao khrór
satelliet (de)	ดาวเทียม	daao thiam
meteoriet (de)	ดาวตก	daao dtòk
komeet (de)	ดาวหาง	daao hăang
asteroïde (de)	ดาวเคราะห์น้อย	daao khrór nói
baan (de)	วงโคจร	wong khoh-jon
draaien (om de zon, enz.)	เวียน	wian
atmosfeer (de)	บรรยากาศ	ban-yaa-gàat
Zon (de)	ดวงอาทิตย์	duang aa-thít
zonnestelsel (het)	ระบบสุริยะ	rá-bòp sù-rí-yá
zonsverduistering (de)	สุริยุปราคา	sù-rí-yú-bpà-raa-kaa
Aarde (de)	โลก	lôhk
Maan (de)	ดวงจันทร์	duang jan
Mars (de)	ดาวอังคาร	daao ang-khaan
Venus (de)	ดาวศุกร์	daao sùk
Jupiter (de)	ดาวพฤหัส	daao phá-réu-hàt
Saturnus (de)	ดาวเสาร์	daao săo
Mercurius (de)	ดาวพุธ	daao phút
Uranus (de)	ดาวยูเรนัส	daao-yoo-ray-nát
Neptunus (de)	ดาวเนปจูน	daao-nâyp-joon
Pluto (de)	ดาวพลูโต	daao phloo-dtoh
Melkweg (de)	ทางช้างเผือก	thaang cháang phèuak
Grote Beer (de)	กลุ่มดาวหมีใหญ่	glùm daao mĕe yài
Poolster (de)	ดาวเหนือ	daao nĕua
marsmannetje (het)	ชาวดาวอังคาร	chaao daao ang-khaan
buitenaards wezen (het)	มนุษย์ต่างดาว	má-nút dtàang daao

bovenaards (het)	มนุษย์ต่างดาว	má-nút dtàang daao
vliegende schotel (de)	จานบิน	jaan bin
ruimtevaartuig (het)	ยานอวกาศ	yaan a-wá-gàat
ruimtestation (het)	สถานีอวกาศ	sà-thǎa-nee a-wá-gàat
start (de)	การปล่อยจรวด	gaan bplòi jà-rùat
motor (de)	เครื่องยนต์	khrêuang yon
straalpijp (de)	ท่อไอพ่น	thôr ai phôn
brandstof (de)	เชื้อเพลิง	chéua phlerng
cabine (de)	ที่นั่งคนขับ	thêe nâng khon khàp
antenne (de)	เสาอากาศ	sǎo aa-gàat
patrijspoort (de)	ช่อง	chôrng
zonnebatterij (de)	อุปกรณ์พลังงานแสงอาทิตย์	ù-bpà-gon phá-lang ngaan sǎeng aa-thít
ruimtepak (het)	ชุดอวกาศ	chút a-wá-gàat
gewichtloosheid (de)	สภาพไร้น้ำหนัก	sà-phâap rái nám nàk
zuurstof (de)	อ็อกซิเจน	ók sí jayn
koppeling (de)	การเทียบท่า	gaan thîap thâa
koppeling maken	เทียบท่า	thîap thâa
observatorium (het)	หอดูดาว	hǒr doo daao
telescoop (de)	กล้องโทรทรรศน์	glôrng thoh-rá-thát
waarnemen (ww)	เฝ้าสังเกต	fâo sǎng-gàyt
exploreren (ww)	สำรวจ	sǎm-rùat

123. De Aarde

Aarde (de)	โลก	lôhk
aardbol (de)	ลูกโลก	lôok lôhk
planeet (de)	ดาวเคราะห์	daao khrór
atmosfeer (de)	บรรยากาศ	ban-yaa-gàat
aardrijkskunde (de)	ภูมิศาสตร์	phoo-mí-sàat
natuur (de)	ธรรมชาติ	tham-má-châat
wereldbol (de)	ลูกโลก	lôok lôhk
kaart (de)	แผนที่	phǎen thêe
atlas (de)	หนังสือแผนที่โลก	nǎng-sěu phǎen thêe lôhk
Europa (het)	ยุโรป	yú-ròhp
Azië (het)	เอเชีย	ay-chia
Afrika (het)	แอฟริกา	àef-rí-gaa
Australië (het)	ออสเตรเลีย	òrt-dtray-lia
Amerika (het)	อเมริกา	a-may-rí-gaa
Noord-Amerika (het)	อเมริกาเหนือ	a-may-rí-gaa něua
Zuid-Amerika (het)	อเมริกาใต้	a-may-rí-gaa dtâi
Antarctica (het)	แอนตาร์กติกา	aen-dtàak-dtì-gaa
Arctis (de)	อาร์กติค	àak-dtìk

124. Windrichtingen

noorden (het)	เหนือ	nĕua
naar het noorden	ทิศเหนือ	thít nĕua
in het noorden	ที่ภาคเหนือ	thêe phâak nĕua
noordelijk (bn)	ทางเหนือ	thaang nĕua
zuiden (het)	ใต้	dtâi
naar het zuiden	ทิศใต้	thít dtâi
in het zuiden	ที่ภาคใต้	thêe phâak dtâi
zuidelijk (bn)	ทางใต้	thaang dtâi
westen (het)	ตะวันตก	dtà-wan dtòk
naar het westen	ทิศตะวันตก	thít dtà-wan dtòk
in het westen	ที่ภาคตะวันตก	thêe phâak dtà-wan dtòk
westelijk (bn)	ทางตะวันตก	thaang dtà-wan dtòk
oosten (het)	ตะวันออก	dtà-wan òrk
naar het oosten	ทิศตะวันออก	thít dtà-wan òrk
in het oosten	ที่ภาคตะวันออก	thêe phâak dtà-wan òrk
oostelijk (bn)	ทางตะวันออก	thaang dtà-wan òrk

125. Zee. Oceaan

zee (de)	ทะเล	thá-lay
oceaan (de)	มหาสมุทร	má-hăa sà-mùt
golf (baai)	อ่าว	àao
straat (de)	ช่องแคบ	chôrng khâep
grond (vaste grond)	พื้นดิน	phéun din
continent (het)	ทวีป	thá-wêep
eiland (het)	เกาะ	gòr
schiereiland (het)	คาบสมุทร	khâap sà-mùt
archipel (de)	หมู่เกาะ	mòo gòr
baai, bocht (de)	อ่าว	àao
haven (de)	ท่าเรือ	thâa reua
lagune (de)	ลากูน	laa-goon
kaap (de)	แหลม	lăem
atol (de)	อะทอลล์	à-thorn
rif (het)	แนวปะการัง	naew bpà-gaa-rang
koraal (het)	ปะการัง	bpà gaa-rang
koraalrif (het)	แนวปะการัง	naew bpà-gaa-rang
diep (bn)	ลึก	léuk
diepte (de)	ความลึก	khwaam léuk
diepzee (de)	หุบเหวลึก	hùp wăy léuk
trog (bijv. Marianentrog)	ร่องลึกก้นสมุทร	rông léuk gôn sà-mùt
stroming (de)	กระแสน้ำ	grà-săe náam
omspoelen (ww)	ล้อมรอบ	lórm rôrp

oever (de)	ชายฝั่ง	chaai fàng
kust (de)	ชายฝั่ง	chaai fàng
vloed (de)	น้ำขึ้น	náam khêun
eb (de)	น้ำลง	náam long
ondiepte (ondiep water)	หาดตื้น	hàat dtêun
bodem (de)	กันทะเล	gôn thá-lay
golf (hoge ~)	คลื่น	khlêun
golfkam (de)	มวนคลื่น	múan khlêun
schuim (het)	ฟองคลื่น	forng khlêun
storm (de)	พายุ	phaa-yú
orkaan (de)	พายุเฮอร์ริเคน	phaa-yú her-rí-khayn
tsunami (de)	คลื่นยักษ์	khlêun yák
windstilte (de)	ภาวะไร้ลมพัด	phaa-wá rái lom phát
kalm (bijv. ~e zee)	สงบ	sà-ngòp
pool (de)	ขั้วโลก	khûa lôhk
polair (bn)	ขั้วโลก	khûa lôhk
breedtegraad (de)	เส้นรุ้ง	sên rúng
lengtegraad (de)	เส้นแวง	sên waeng
parallel (de)	เส้นขนาน	sên khà-năan
evenaar (de)	เส้นศูนย์สูตร	sên sŏon sòot
hemel (de)	ท้องฟ้า	thórng fáa
horizon (de)	ขอบฟ้า	khòrp fáa
lucht (de)	อากาศ	aa-gàat
vuurtoren (de)	ประภาคาร	bprà-phaa-khaan
duiken (ww)	ดำ	dam
zinken (ov. een boot)	จม	jom
schatten (mv.)	สมบัติ	sŏm-bàt

126. Namen van zeeën en oceanen

Atlantische Oceaan (de)	มหาสมุทรแอตแลนติก	má-hăa sà-mùt àet-laen-dtìk
Indische Oceaan (de)	มหาสมุทรอินเดีย	má-hăa sà-mùt in-dia
Stille Oceaan (de)	มหาสมุทรแปซิฟิก	má-hăa sà-mùt bpae-sí-fík
Noordelijke IJszee (de)	มหาสมุทรอาร์คติก	má-hăa sà-mùt aa-ká-dtìk
Zwarte Zee (de)	ทะเลดำ	thá-lay dam
Rode Zee (de)	ทะเลแดง	thá-lay daeng
Gele Zee (de)	ทะเลเหลือง	thá-lay lĕuang
Witte Zee (de)	ทะเลขาว	thá-lay khăao
Kaspische Zee (de)	ทะเลแคสเปียน	thá-lay khâet-bpian
Dode Zee (de)	ทะเลเดดซี	thá-lay dàyt-see
Middellandse Zee (de)	ทะเลเมดิเตอร์เรเนียน	thá-lay may-dì-dtêr-ray-nian
Egeïsche Zee (de)	ทะเลเอเจี้ยน	thá-lay ay-jîan
Adriatische Zee (de)	ทะเลเอเดรียติก	thá-lay ay-day-ree-yá-dtìk
Arabische Zee (de)	ทะเลอาหรับ	thá-lay aa-ràp

Japanse Zee (de)	ทะเลญี่ปุ่น	thá-lay yêe-bpùn
Beringzee (de)	ทะเลเบริ่ง	thá-lay bae-rîng
Zuid-Chinese Zee (de)	ทะเลจีนใต้	thá-lay jeen-dtâi
Koraalzee (de)	ทะเลคอรัล	thá-lay khor-ran
Tasmanzee (de)	ทะเลแทสมัน	thá-lay thâet man
Caribische Zee (de)	ทะเลแคริบเบียน	thá-lay khae-ríp-bian
Barentszzee (de)	ทะเลบาเรนท์	thá-lay baa-rayn
Karische Zee (de)	ทะเลคารา	thá-lay khaa-raa
Noordzee (de)	ทะเลเหนือ	thá-lay nĕua
Baltische Zee (de)	ทะเลบอลติก	thá-lay bon-dtìk
Noorse Zee (de)	ทะเลนอรเวย์	thá-lay nor-rá-way

127. Bergen

berg (de)	ภูเขา	phoo khăo
bergketen (de)	ทิวเขา	thiw khăo
gebergte (het)	สันเขา	săn khăo
bergtop (de)	ยอดเขา	yôrt khăo
bergpiek (de)	ยอด	yôrt
voet (ov. de berg)	ตีนเขา	dteun khăo
helling (de)	ไหล่เขา	lài khăo
vulkaan (de)	ภูเขาไฟ	phoo khăo fai
actieve vulkaan (de)	ภูเขาไฟมีพลัง	phoo khăo fai mee phá-lang
uitgedoofde vulkaan (de)	ภูเขาไฟที่ดับแล้ว	phoo khăo fai thêe dàp láew
uitbarsting (de)	ภูเขาไฟระเบิด	phoo khăo fai rá-bèrt
krater (de)	ปล่องภูเขาไฟ	bplòng phoo khăo fai
magma (het)	หินหนืด	hĭn nèut
lava (de)	ลาวา	laa-waa
gloeiend (~e lava)	หลอมเหลว	lŏrm lĕo
kloof (canyon)	หุบเขาลึก	hùp khăo léuk
bergkloof (de)	ช่องเขา	chôrng khăo
spleet (de)	รอยแตกภูเขา	roi dtàek phoo khăo
afgrond (de)	หุบเหวลึก	hùp wăy léuk
bergpas (de)	ทางผ่าน	thaang phàan
plateau (het)	ที่ราบสูง	thêe râap sŏong
klip (de)	หน้าผา	nâa phăa
heuvel (de)	เนินเขา	nern khăo
gletsjer (de)	ธารน้ำแข็ง	thaan náam khăeng
waterval (de)	น้ำตก	nám dtòk
geiser (de)	น้ำพุร้อน	nám phú rórn
meer (het)	ทะเลสาบ	thá-lay sàap
vlakte (de)	ที่ราบ	thêe râap
landschap (het)	ภูมิทัศน์	phoom thát
echo (de)	เสียงสะท้อน	sĭang sà-thón

alpinist (de)	นักปีนเขา	nák bpeen khǎo
bergbeklimmer (de)	นักไต่เขา	nák dtài khǎo
trotseren (berg ~)	ไต่เขาถึงยอด	dtài khǎo thěung yôt
beklimming (de)	การปีนเขา	gaan bpeen khǎo

128. Bergen namen

Alpen (de)	เทือกเขาแอลป์	thêuak-khǎo-aen
Mont Blanc (de)	ยอดเขามงบล็อง	yôt khǎo mong-bà-lǒng
Pyreneeën (de)	เทือกเขาไพรีนีส	thêuak khǎo pai-ree-nêet
Karpaten (de)	เทือกเขาคาร์เพเทียน	thêuak khǎo khaa-phay-thian
Oeralgebergte (het)	เทือกเขายูรัล	thêuak khǎo yoo-ran
Kaukasus (de)	เทือกเขาคอเคซัส	thêuak khǎo khor-khay-sát
Elbroes (de)	ยอดเขาเอลบรุส	yôt khǎo ayn-brùt
Altaj (de)	เทือกเขาอัลไต	thêuak khǎo an-dtai
Tiensjan (de)	เทือกเขาเทียนชาน	thêuak khǎo thian-chaan
Pamir (de)	เทือกเขาพาเมียร์	thêuak khǎo paa-mia
Himalaya (de)	เทือกเขาหิมาลัย	thêuak khǎo hì-maa-lai
Everest (de)	ยอดเขาเอเวอเรสต์	yôt khǎo ay-wer-râyt
Andes (de)	เทือกเขาแอนดีส	thêuak-khǎo-aen-dèet
Kilimanjaro (de)	ยอดเขาคิลิมันจาโร	yôt khǎo khí-lí-man-jaa-roh

129. Rivieren

rivier (de)	แม่น้ำ	mâe náam
bron (~ van een rivier)	แหล่งน้ำแร่	làeng náam râe
rivierbedding (de)	เส้นทางแม่น้ำ	sên thaang mâe náam
rivierbekken (het)	ลุ่มน้ำ	lûm náam
uitmonden in ...	ไหลไปสู่...	lǎi bpai sòo...
zijrivier (de)	สาขา	sǎa-khǎa
oever (de)	ฝั่งแม่น้ำ	fàng mâe náam
stroming (de)	กระแสน้ำ	grà-sǎe náam
stroomafwaarts (bw)	ตามกระแสน้ำ	dtaam grà-sǎe náam
stroomopwaarts (bw)	ทวนน้ำ	thuan náam
overstroming (de)	น้ำท่วม	nám thûam
overstroming (de)	น้ำท่วม	nám thûam
buiten zijn oevers treden	เอ่อล้น	èr lón
overstromen (ww)	ท่วม	thûam
zandbank (de)	บริเวณน้ำตื้น	bor-rí-wayn nám dtêun
stroomversnelling (de)	กระแสน้ำเชี่ยว	grà-sǎe nám-chîeow
dam (de)	เขื่อน	khèuan
kanaal (het)	คลอง	khlorng
spaarbekken (het)	ที่เก็บกักน้ำ	thêe gèp gàk náam
sluis (de)	ประตูระบายน้ำ	bprà-dtoo rá-baai náam

waterlichaam (het)	พื้นน้ำ	phéun náam
moeras (het)	บึง	beung
broek (het)	ห้วย	hûay
draaikolk (de)	น้ำวน	nám won
stroom (de)	ลำธาร	lam thaan
drink- (abn)	น้ำดื่มได้	nám dèum dâai
zoet (~ water)	น้ำจืด	nám jèut
ijs (het)	น้ำแข็ง	nám khǎeng
bevriezen (rivier, enz.)	แชแข็ง	châe khǎeng

130. Namen van rivieren

Seine (de)	แม่น้ำเซน	mâe náam sayn
Loire (de)	แม่น้ำลัวร์	mâe-náam lua
Theems (de)	แม่น้ำเทมส์	mâe-náam them
Rijn (de)	แม่น้ำไรน์	mâe-náam rai
Donau (de)	แม่น้ำดานูบ	mâe-náam daa-nôop
Wolga (de)	แม่น้ำวอลกา	mâe-náam won-gaa
Don (de)	แม่น้ำดอน	mâe-náam don
Lena (de)	แม่น้ำลีนา	mâe-náam lee-naa
Gele Rivier (de)	แม่น้ำหวง	mâe-náam hǔang
Blauwe Rivier (de)	แม่น้ำแยงซี	mâe-náam yaeng-see
Mekong (de)	แม่น้ำโขง	mâe-náam khǒhng
Ganges (de)	แม่น้ำคงคา	mâe-náam khong-khaa
Nijl (de)	แม่น้ำไนล์	mâe-náam nai
Kongo (de)	แม่น้ำคองโก	mâe-náam khong-goh
Okavango (de)	แม่น้ำโอคาวังโก	mâe-náam oh-khaa wang goh
Zambezi (de)	แม่น้ำแซมบีซี	mâe-náam saem bee see
Limpopo (de)	แม่น้ำลิมโปโป	mâe-náam lim-bpoh-bpoh
Mississippi (de)	แม่น้ำมิสซิสซิปปี	mâe-náam mít-sít-síp-bpee

131. Bos

bos (het)	ป่าไม้	bpàa máai
bos- (abn)	ป่า	bpàa
oerwoud (dicht bos)	ป่าทึบ	bpàa théup
bosje (klein bos)	ป่าละเมาะ	bpàa lá-mór
open plek (de)	ทุ่งโล่ง	thûng lôhng
struikgewas (het)	ป่าละเมาะ	bpàa lá-mór
struiken (mv.)	ป่าละเมาะ	bpàa lá-mór
paadje (het)	ทางเดิน	thaang dern
ravijn (het)	ร่องธาร	rông thaan

boom (de)	ต้นไม้	dtôn máai
blad (het)	ใบไม้	bai máai
gebladerte (het)	ใบไม้	bai máai
vallende bladeren (mv.)	ใบไม้ร่วง	bai máai rûang
vallen (ov. de bladeren)	ร่วง	rûang
boomtop (de)	ยอด	yôrt
tak (de)	กิ่ง	gìng
ent (de)	ก้านไม้	gâan mái
knop (de)	ยอดอ่อน	yôrt òrn
naald (de)	เข็ม	khĕm
dennenappel (de)	ลูกสน	lôok sŏn
boom holte (de)	โพรงไม้	phrohng máai
nest (het)	รัง	rang
hol (het)	โพรง	phrohng
stam (de)	ลำต้น	lam dtôn
wortel (bijv. boom~s)	ราก	râak
schors (de)	เปลือกไม้	bplèuak máai
mos (het)	มอส	môt
ontwortelen (een boom)	ถอนราก	thŏrn râak
kappen (een boom ~)	โค่น	khôhn
ontbossen (ww)	ตัดไม้ทำลายป่า	dtàt mái tham laai bpàa
stronk (de)	ตอไม้	dtor máai
kampvuur (het)	กองไฟ	gorng fai
bosbrand (de)	ไฟป่า	fai bpàa
blussen (ww)	ดับไฟ	dàp fai
boswachter (de)	เจ้าหน้าที่ดูแลป่า	jâo nâa-thêe doo lae bpàa
bescherming (de)	การปกป้อง	gaan bpòk bpôrng
beschermen (bijv. de natuur ~)	ปกป้อง	bpòk bpôrng
stroper (de)	นักลอบล่าสัตว์	nák lôrp lâa sàt
val (de)	กับดักเหล็ก	gàp dàk lèk
plukken (vruchten, enz.)	เก็บ	gèp
verdwalen (de weg kwijt zijn)	หลงทาง	lŏng thaang

132. Natuurlijke hulpbronnen

natuurlijke rijkdommen (mv.)	ทรัพยากรธรรมชาติ	sáp-pá-yaa-gon tham-má-châat
delfstoffen (mv.)	แร่	râe
lagen (mv.)	ตะกอน	dtà-gorn
veld (bijv. olie~)	บ่อ	bòr
winnen (uit erts ~)	ขุดแร่	khùt râe
winning (de)	การขุดแร่	gaan khùt râe
erts (het)	แร่	râe
mijn (bijv. kolenmijn)	เหมืองแร่	mĕuang râe

mijnschacht (de)	ช่องเหมือง	chôrng mĕuang
mijnwerker (de)	คนงานเหมือง	khon ngaan mĕuang
gas (het)	แก๊ส	gáet
gasleiding (de)	ท่อแก๊ส	thôr gáet
olie (aardolie)	น้ำมัน	nám man
olieleiding (de)	ท่อน้ำมัน	thôr náam man
oliebron (de)	บ่อน้ำมัน	bòr náam man
boortoren (de)	ปั้นจั่นขนาดใหญ่	bpân jàn khà-nàat yài
tanker (de)	เรือบรรทุกน้ำมัน	reua ban-thúk nám man
zand (het)	ทราย	saai
kalksteen (de)	หินปูน	hĭn bpoon
grind (het)	กรวด	grùat
veen (het)	พีต	phêet
klei (de)	ดินเหนียว	din nĭeow
steenkool (de)	ถ่านหิน	thàan hĭn
ijzer (het)	เหล็ก	lèk
goud (het)	ทอง	thorng
zilver (het)	เงิน	ngern
nikkel (het)	นิเกิล	ní-gêrn
koper (het)	ทองแดง	thorng daeng
zink (het)	สังกะสี	săng-gà-sĕe
mangaan (het)	แมงกานีส	maeng-gaa-nêet
kwik (het)	ปรอท	bpa -ròrt
lood (het)	ตะกั่ว	dtà-gùa
mineraal (het)	แร่	râe
kristal (het)	ผลึก	phà-lèuk
marmer (het)	หินอ่อน	hĭn òrn
uraan (het)	ยูเรเนียม	yoo-ray-niam

De Aarde. Deel 2

133. Weer

weer (het)	สภาพอากาศ	sà-phâap aa-gàat
weersvoorspelling (de)	พยากรณ์ สภาพอากาศ	phá-yaa-gon sà-phâap aa-gàat
temperatuur (de)	อุณหภูมิ	un-hà-phoom
thermometer (de)	ปรอทวัดอุณหภูมิ	bpà-ròrt wát un-hà-phoom
barometer (de)	เครื่องวัดความดันบรรยากาศ	khrêuang wát khwaam dan ban-yaa-gàat
vochtig (bn)	ชื้น	chéun
vochtigheid (de)	ความชื้น	khwaam chéun
hitte (de)	ความร้อน	khwaam rórn
heet (bn)	ร้อน	rórn
het is heet	มันร้อน	man rórn
het is warm	มันอุ่น	man ùn
warm (bn)	อุ่น	ùn
het is koud	อากาศเย็น	aa-gàat yen
koud (bn)	เย็น	yen
zon (de)	ดวงอาทิตย์	duang aa-thít
schijnen (de zon)	ส่องแสง	sòrng sǎeng
zonnig (~e dag)	มีแสงแดด	mee sǎeng dàet
opgaan (ov. de zon)	ขึ้น	khêun
ondergaan (ww)	ตก	dtòk
wolk (de)	เมฆ	mâyk
bewolkt (bn)	มีเมฆมาก	mee mâyk mâak
regenwolk (de)	เมฆฝน	mâyk fǒn
somber (bn)	มืดครึ้ม	mêut khréum
regen (de)	ฝน	fǒn
het regent	ฝนตก	fǒn dtòk
regenachtig (bn)	ฝนตก	fǒn dtòk
motregenen (ww)	ฝนปรอย	fǒn bproi
plensbui (de)	ฝนตกหนัก	fǒn dtòk nàk
stortbui (de)	ฝนห่าใหญ่	fǒn hàa yài
hard (bn)	หนัก	nàk
plas (de)	หลุมน้ำ	lòm nám
nat worden (ww)	เปียก	bpìak
mist (de)	หมอก	mòrk
mistig (bn)	หมอกจัด	mòrk jàt
sneeuw (de)	หิมะ	hì-má
het sneeuwt	หิมะตก	hì-má dtòk

134. Zwaar weer. Natuurrampen

noodweer (storm)	พายุฟ้าคะนอง	phaa-yú fáa khá-nong
bliksem (de)	ฟ้าผ่า	fáa phàa
flitsen (ww)	แลบ	lâep
donder (de)	ฟ้าคะนอง	fáa khá-norng
donderen (ww)	มีฟ้าคะนอง	mee fáa khá-norng
het dondert	มีฟ้าร้อง	mee fáa rórng
hagel (de)	ลูกเห็บ	lôok hèp
het hagelt	มีลูกเห็บตก	mee lôok hèp dtòk
overstromen (ww)	ท่วม	thûam
overstroming (de)	น้ำท่วม	nám thûam
aardbeving (de)	แผ่นดินไหว	phàen din wǎi
aardschok (de)	ไหว	wǎi
epicentrum (het)	จุดเหนือศูนย์แผ่นดินไหว	jùt něua sǒon phàen din wǎi
uitbarsting (de)	ภูเขาไฟระเบิด	phoo khǎo fai rá-bèrt
lava (de)	ลาวา	laa-waa
wervelwind (de)	พายุหมุน	phaa-yú mǔn
windhoos (de)	พายุทอร์นาโด	phaa-yú thor-nay-doh
tyfoon (de)	พายุไต้ฝุ่น	phaa-yú dtâi fùn
orkaan (de)	พายุเฮอร์ริเคน	phaa-yú her-rí-khayn
storm (de)	พายุ	phaa-yú
tsunami (de)	คลื่นสึนามิ	khlêun sèu-naa-mí
cycloon (de)	พายุไซโคลน	phaa-yú sai-khlohn
onweer (het)	อากาศไม่ดี	aa-gàat mâi dee
brand (de)	ไฟไหม้	fai mâi
ramp (de)	ความหายนะ	khwaam hǎa-yá-ná
meteoriet (de)	อุกกาบาต	ùk-gaa-bàat
lawine (de)	หิมะถล่ม	hì-má thà-lòm
sneeuwverschuiving (de)	หิมะถล่ม	hì-má thà-lòm
sneeuwjacht (de)	พายุหิมะ	phaa-yú hì-má
sneeuwstorm (de)	พายุหิมะ	phaa-yú hì-má

Fauna

135. Zoogdieren. Roofdieren

roofdier (het)	สัตว์กินเนื้อ	sàt gin néua
tijger (de)	เสือ	sĕua
leeuw (de)	สิงโต	sĭng dtoh
wolf (de)	หมาป่า	măa bpàa
vos (de)	หมาจิ้งจอก	măa jîng-jòk
jaguar (de)	เสือจากัวร์	sĕua jaa-gua
luipaard (de)	เสือดาว	sĕua daao
jachtluipaard (de)	เสือชีตาห์	sĕua chee-dtaa
panter (de)	เสือดำ	sĕua dam
poema (de)	สิงโตภูเขา	sĭng-dtoh phoo khăo
sneeuwluipaard (de)	เสือดาวหิมะ	sĕua daao hì-má
lynx (de)	แมวป่า	maew bpàa
coyote (de)	โคโยตี้	khoh-yoh-dtêe
jakhals (de)	หมาจิ้งจอกทอง	măa jîng-jòk thorng
hyena (de)	ไฮยีนา	hai-yee-naa

136. Wilde dieren

dier (het)	สัตว์	sàt
beest (het)	สัตว์	sàt
eekhoorn (de)	กระรอก	grà rôk
egel (de)	เมน	mâyn
haas (de)	กระต่ายป่า	grà-dtàai bpàa
konijn (het)	กระต่าย	grà-dtàai
das (de)	แบดเจอร์	baet-jer
wasbeer (de)	แร็คคูน	ráek khoon
hamster (de)	หนูแฮมสเตอร์	nŏo haem-sà-dtêr
marmot (de)	มารมอต	maa-môt
mol (de)	ตุ่น	dtùn
muis (de)	หนู	nŏo
rat (de)	หนู	nŏo
vleermuis (de)	คางคาว	kháang khaao
hermelijn (de)	เออร์มิน	er-min
sabeldier (het)	เซเบิล	say bern
marter (de)	มาร์เทิน	maa thern
wezel (de)	เพียงพอนสีน้ำตาล	phiang phon sĕe nám dtaan
nerts (de)	เพียงพอน	phiang phorn

bever (de)	บีเวอร์	bee-wer
otter (de)	นาก	nâak
paard (het)	ม้า	máa
eland (de)	กวางมูส	gwaang môot
hert (het)	กวาง	gwaang
kameel (de)	อูฐ	òot
bizon (de)	วัวป่า	wua bpàa
wisent (de)	วัวป่าออรอช	wua bpàa or rôt
buffel (de)	ควาย	khwaai
zebra (de)	ม้าลาย	máa laai
antilope (de)	แอนทีโลป	aen-thi-lòp
ree (de)	กวางโรเดียร์	gwaang roh-dia
damhert (het)	กวางแฟลโลว์	gwaang flae-loh
gems (de)	เลียงผา	liang-phǎa
everzwijn (het)	หมูป่า	mǒo bpàa
walvis (de)	วาฬ	waan
rob (de)	แมวน้ำ	maew náam
walrus (de)	ช้างน้ำ	cháang náam
zeebeer (de)	แมวน้ำมีขน	maew náam mee khǒn
dolfijn (de)	โลมา	loh-maa
beer (de)	หมี	měe
ijsbeer (de)	หมีขั้วโลก	měe khûa lôhk
panda (de)	หมีแพนด้า	měe phaen-dâa
aap (de)	ลิง	ling
chimpansee (de)	ลิงชิมแปนซี	ling chim-bpaen-see
orang-oetan (de)	ลิงอุรังอุตัง	ling u-rang-u-dtang
gorilla (de)	ลิงกอริลลา	ling gor-rin-lâa
makaak (de)	ลิงแม็กแคก	ling mâk-khâk
gibbon (de)	ชะนี	chá-nee
olifant (de)	ช้าง	cháang
neushoorn (de)	แรด	râet
giraffe (de)	ยีราฟ	yee-râaf
nijlpaard (het)	ฮิปโปโปเตมัส	híp-bpoh-bpoh-dtay-mát
kangoeroe (de)	จิงโจ้	jing-jôh
koala (de)	หมีโคอาล่า	měe khoh aa lâa
mangoest (de)	พังพอน	phang phon
chinchilla (de)	ชินชิลลา	khin-khin laa
stinkdier (het)	สกั๊งก์	sà-gang
stekelvarken (het)	เม่น	mâyn

137. Huisdieren

poes (de)	แมวตัวเมีย	maew dtua mia
kater (de)	แมวตัวผู้	maew dtua phôo
hond (de)	สุนัข	sù-nák

paard (het)	ม้า	máa
hengst (de)	ม้าตัวผู้	máa dtua phôo
merrie (de)	ม้าตัวเมีย	máa dtua mia
koe (de)	วัว	wua
bul, stier (de)	กระทิง	grà-thing
os (de)	วัว	wua
schaap (het)	แกะตัวเมีย	gàe dtua mia
ram (de)	แกะตัวผู้	gàe dtua phôo
geit (de)	แพะตัวเมีย	pháe dtua mia
bok (de)	แพะตัวผู้	pháe dtua phôo
ezel (de)	ลา	laa
muilezel (de)	ลอ	lôr
varken (het)	หมู	mŏo
biggetje (het)	ลูกหมู	lôok mŏo
konijn (het)	กระต่าย	grà-dtàai
kip (de)	ไก่ตัวเมีย	gài dtua mia
haan (de)	ไก่ตัวผู้	gài dtua phôo
eend (de)	เป็ดตัวเมีย	bpèt dtua mia
woerd (de)	เป็ดตัวผู้	bpèt dtua phôo
gans (de)	ห่าน	hàan
kalkoen haan (de)	ไก่งวงตัวผู้	gài nguang dtua phôo
kalkoen (de)	ไก่งวงตัวเมีย	gài nguang dtua mia
huisdieren (mv.)	สัตว์เลี้ยง	sàt líang
tam (bijv. hamster)	เลี้ยง	líang
temmen (tam maken)	เชื่อง	chêuang
fokken (bijv. paarden ~)	ขยายพันธุ์	khà-yăai phan
boerderij (de)	ฟาร์ม	faam
gevogelte (het)	สัตว์ปีก	sàt bpèek
rundvee (het)	วัวควาย	wua khwaai
kudde (de)	ฝูง	fŏong
paardenstal (de)	คอกม้า	khôrk máa
zwijnenstal (de)	คอกหมู	khôrk mŏo
koeienstal (de)	คอกวัว	khôrk wua
konijnenhok (het)	ดุกกระต่าย	khôrk grà-dtàai
kippenhok (het)	เล้าไก่	láo gài

138. Vogels

vogel (de)	นก	nók
duif (de)	นกพิราบ	nók phí-râap
mus (de)	นกกระจิบ	nók grà-jìp
koolmees (de)	นกติ๊ด	nók dtít
ekster (de)	นกสาลิกา	nók săa-lí gaa
raaf (de)	นกอีกา	nók ee-gaa

kraai (de)	นกกา	nók gaa
kauw (de)	นกจำพวกกา	nók jam phûak gaa
roek (de)	นกการูด	nók gaa róok
eend (de)	เป็ด	bpèt
gans (de)	ห่าน	hàan
fazant (de)	ไก่ฟ้า	gài fáa
arend (de)	นกอินทรี	nók in-see
havik (de)	นกเหยี่ยว	nók yìeow
valk (de)	นกเหยี่ยว	nók yìeow
gier (de)	นกแร้ง	nók ráeng
condor (de)	นกแร้งขนาดใหญ่	nók ráeng kà-nàat yài
zwaan (de)	นกหงส์	nók hŏng
kraanvogel (de)	นกกระเรียน	nók grà rian
ooievaar (de)	นกกระสา	nók grà-săa
papegaai (de)	นกแก้ว	nók gâew
kolibrie (de)	นกฮัมมิ่งเบิร์ด	nók ham-mîng-bèrt
pauw (de)	นกยูง	nók yoong
struisvogel (de)	นกกระจอกเทศ	nók grà-jòrk-thâyt
reiger (de)	นกยาง	nók yaang
flamingo (de)	นกฟลามิงโก	nók flaa-ming-goh
pelikaan (de)	นกกระทุง	nók-grà-thung
nachtegaal (de)	นกไนติงเกล	nók-nai-dting-gayn
zwaluw (de)	นกนางแอน	nók naang-àen
lijster (de)	นกเดินดง	nók dern dong
zanglijster (de)	นกเดินดงร้องเพลง	nók dern dong rórng phlayng
merel (de)	นกเดินดงสีดำ	nók-dern-dong sĕe dam
gierzwaluw (de)	นกแอ่น	nók àen
leeuwerik (de)	นกลาร์ค	nók lâak
kwartel (de)	นกคุ่ม	nók khûm
specht (de)	นกหัวขวาน	nók hŭa khwăan
koekoek (de)	นกดุเหวา	nók dù hăy wâa
uil (de)	นกฮูก	nók hôok
oehoe (de)	นกเค้าใหญ่	nók kháo yài
auerhoen (het)	ไก่ป่า	gài bpàa
korhoen (het)	ไก่ดำ	gài dam
patrijs (de)	นกกระทา	nók-grà-thaa
spreeuw (de)	นกกิ้งโครง	nók-gîng-khrohng
kanarie (de)	นกขุมิน	nók khà-mîn
hazelhoen (het)	ไก่น้ำตาล	gài nám dtaan
vink (de)	นกจาบ	nók-jàap
goudvink (de)	นกบูลฟินช์	nók boon-fin
meeuw (de)	นกนางนวล	nók naang-nuan
albatros (de)	นกอัลบาทรอส	nók an-baa-thrôt
pinguïn (de)	นกเพนกวิน	nók phayn-gwin

139. Vis. Zeedieren

brasem (de)	ปลาบรีม	bplaa bpreem
karper (de)	ปลาคารูป	bplaa khâap
baars (de)	ปลาเพิร์ช	bplaa phêrt
meerval (de)	ปลาดุก	bplaa-dùk
snoek (de)	ปลาไพด์	bplaa phai
zalm (de)	ปลาแซลมอน	bplaa saen-morn
steur (de)	ปลาสเตอรเจียน	bpláa sà-dtêr jian
haring (de)	ปลาเฮอร์ริง	bplaa her-ring
atlantische zalm (de)	ปลาแซลมอนแอตแลนติก	bplaa saen-mon àet-laen-dtìk
makreel (de)	ปลาซูบะ	bplaa saa-bà
platvis (de)	ปลาลิ้นหมา	bplaa lín-măa
snoekbaars (de)	ปลาไพด์เพิร์ช	bplaa phái phert
kabeljauw (de)	ปลาค็อด	bplaa khót
tonijn (de)	ปลาทูนา	bplaa thoo-nâa
forel (de)	ปลาเทราท์	bplaa thrau
paling (de)	ปลาไหล	bplaa lăi
sidderrog (de)	ปลากระเบนไฟฟ้า	bplaa grà-bayn-fai-fáa
murene (de)	ปลาไหลมอเรย์	bplaa lăi mor-ray
piranha (de)	ปลาปิรันยา	bplaa bpì-ran-yâa
haai (de)	ปลาฉลาม	bplaa chà-lăam
dolfijn (de)	โลมา	loh-maa
walvis (de)	วาฬ	waan
krab (de)	ปู	bpoo
kwal (de)	แมงกะพรุน	maeng gà-phrun
octopus (de)	ปลาหมึก	bplaa mèuk
zeester (de)	ปลาดาว	bplaa daao
zee-egel (de)	หอยเม่น	hŏi mâyn
zeepaardje (het)	ม้าน้ำ	máa nám
oester (de)	หอยนางรม	hŏi naang rom
garnaal (de)	กุ้ง	gûng
kreeft (de)	กุ้งมังกร	gûng mang-gon
langoest (de)	กุ้งมังกร	gûng mang-gon

140. Amfibieën. Reptielen

slang (de)	งู	ngoo
giftig (slang)	พิษ	phít
adder (de)	งูแมวเซา	ngoo maew sao
cobra (de)	งูเห่า	ngoo hào
python (de)	งูเหลือม	ngoo lĕuam
boa (de)	งูโบอา	ngoo boh-aa
ringslang (de)	งูเล็กที่ไม่เป็นอันตราย	ngoo lék thêe mâi bpen an-dtà-raai

ratelslang (de)	งูหางกระดิ่ง	ngoo hăang grà-dìng
anaconda (de)	งูอนาคอนดา	ngoo a-naa-khon-daa
hagedis (de)	กิ้งก่า	gîng-gàa
leguaan (de)	อีกัวนา	ee gua naa
varaan (de)	กิ้งกามอนิเตอร์	gîng-gàa mor-ní-dtêr
salamander (de)	ซาลาแมนเดอร์	saa-laa-maen-dêr
kameleon (de)	กิ้งกาคามิเลียน	gîng-gàa khaa-mí-lian
schorpioen (de)	แมงป่อง	maeng bpòrng
schildpad (de)	เต่า	dtào
kikker (de)	กบ	gòp
pad (de)	คางคก	khaang-kók
krokodil (de)	จระเข้	jor-rá-khây

141. Insecten

insect (het)	แมลง	má-laeng
vlinder (de)	ผีเสื้อ	phěe sêua
mier (de)	มด	mót
vlieg (de)	แมลงวัน	má-laeng wan
mug (de)	ยุง	yung
kever (de)	แมลงปีกแข็ง	má-laeng bpèek khăeng
wesp (de)	ต่อ	dtòr
bij (de)	ผึ้ง	phêung
hommel (de)	ผึ้งบัมเบิลบี	phêung bam-bern bee
horzel (de)	เหลือบ	lèuap
spin (de)	แมงมุม	maeng mum
spinnenweb (het)	ใยแมงมุม	yai maeng mum
libel (de)	แมลงปอ	má-laeng bpor
sprinkhaan (de)	ตั๊กแตน	dták-gà-dtaen
nachtvlinder (de)	ผีเสื้อกลางคืน	phěe sêua glaang kheun
kakkerlak (de)	แมลงสาบ	má-laeng sàap
teek (de)	เห็บ	hèp
vlo (de)	หมัด	màt
kriebelmug (de)	ริ้น	rín
treksprinkhaan (de)	ตั๊กแตน	dták-gà-dtaen
slak (de)	หอยทาก	hŏi thâak
krekel (de)	จิ้งหรีด	jîng-rèet
glimworm (de)	หิ่งห้อย	hìng-hôi
lieveheersbeestje (het)	แมลงเต่าทอง	má-laeng dtào thorng
meikever (de)	แมงอีนูน	maeng ee noon
bloedzuiger (de)	ปลิง	bpling
rups (de)	บุ้ง	bûng
aardworm (de)	ไส้เดือน	sâi deuan
larve (de)	ตัวอ่อน	dtua òrn

Flora

142. Bomen

boom (de)	ต้นไม้	dtôn máai
loof- (abn)	ผลัดใบ	phlàt bai
dennen- (abn)	สน	sŏn
groenblijvend (bn)	ซึ่งเขียวชอุ่มตลอดปี	sêung khĭeow chá-ùm dtà-lòrt bpee
appelboom (de)	ต้นแอปเปิ้ล	dtôn àep-bpêrn
perenboom (de)	ต้นแพร	dtôn phae
zoete kers (de)	ต้นเชอร์รี่ป่า	dtôn cher-rêe bpàa
zure kers (de)	ต้นเชอร์รี่	dtôn cher-rêe
pruimelaar (de)	ต้นพลัม	dtôn phlam
berk (de)	ต้นเบิร์ช	dtôn bèrt
eik (de)	ต้นโอ๊ค	dtôn óhk
linde (de)	ต้นไม้ดอกเหลือง	dtôn máai dòrk lĕuang
esp (de)	ต้นแอสเพน	dtôn ae sà-phayn
esdoorn (de)	ต้นเมเปิ้ล	dtôn may bpêrn
spar (de)	ต้นเฟอร์	dtôn fer
den (de)	ต้นเกี๊ยะ	dtôn gía
lariks (de)	ต้นลารช	dtôn lâat
zilverspar (de)	ต้นเฟอร์	dtôn fer
ceder (de)	ต้นซีดาร์	dtôn-see-daa
populier (de)	ต้นปอปลาร์	dtôn bpor-bplaa
lijsterbes (de)	ต้นโรแวน	dtôn-roh-waen
wilg (de)	ต้นวิลโลว์	dtôn win-loh
els (de)	ต้นอัลเดอร์	dtôn an-dêr
beuk (de)	ต้นบีช	dtôn bèet
iep (de)	ต้นเอล์ม	dtôn elm
es (de)	ต้นแอช	dtôn aesh
kastanje (de)	ต้นเกาลัด	dtôn gao lát
magnolia (de)	ต้นแมกโนเลีย	dtôn mâek-noh-lia
palm (de)	ต้นปาล์ม	dtôn bpaam
cipres (de)	ต้นไซเปรส	dtôn-sai-bpràyt
mangrove (de)	ต้นโกงกาง	dtôn gohng gaang
baobab (apenbroodboom)	ต้นเบาบับ	dtôn bao-bàp
eucalyptus (de)	ต้นยูคาลิปตัส	dtôn yoo-khaa-líp-dtàt
mammoetboom (de)	ต้นสนซีควัยา	dtôn sŏn see kua yaa

143. Heesters

struik (de)	พุ่มไม้	phûm máai
heester (de)	ต้นไม้พุ่ม	dtôn máai phûm
wijnstok (de)	ต้นองุ่น	dtôn a-ngùn
wijngaard (de)	ไร่องุ่น	râi a-ngùn
frambozenstruik (de)	พุ่มราสเบอร์รี่	phûm râat-ber-rêe
zwarte bes (de)	พุ่มแบล็คเคอร์แรนท์	phûm blàek-khêr-raen
rode bessenstruik (de)	พุ่มเรดเคอรุแรนท์	phûm râyt-khêr-raen
kruisbessenstruik (de)	พุ่มกูสเบอรรี่	phûm gòot-ber-rêe
acacia (de)	ต้นอาเคเชีย	dtôn aa-khay-chia
zuurbes (de)	ต้นบาร์เบอรรี่	dtôn baa-ber-rêe
jasmijn (de)	มะลิ	má-lí
jeneverbes (de)	ต้นจูนิเปอร์	dtôn joo-ní-bper
rozenstruik (de)	พุ่มกุหลาบ	phûm gù làap
hondsroos (de)	พุ่มดอกโรส	phûm dòrk-rôht

144. Vruchten. Bessen

vrucht (de)	ผลไม้	phǒn-lá-máai
vruchten (mv.)	ผลไม้	phǒn-lá-máai
appel (de)	แอปเปิ้ล	àep-bpêrn
peer (de)	ลูกแพร	lôok phae
pruim (de)	พลัม	phlam
aardbei (de)	สตรอว์เบอร์รี่	sà-dtror-ber-rêe
zure kers (de)	เชอรี่	cher-rêe
zoete kers (de)	เชอรี่ป่า	cher-rêe bpàa
druif (de)	องุ่น	a-ngùn
framboos (de)	ราสเบอร์รี่	râat-ber-rêe
zwarte bes (de)	แบล็คเคอร์แรนท์	blàek khêr-raen
rode bes (de)	เรดเคอรุแรนท์	râyt-khêr-raen
kruisbes (de)	กูสเบอรรี่	gòot-ber-rêe
veenbes (de)	แครนเบอรรี่	khraen-ber-rêe
sinaasappel (de)	ส้ม	sôm
mandarijn (de)	ส้มแมนดาริน	sôm maen daa rin
ananas (de)	สับปะรด	sàp-bpà-rót
banaan (de)	กล้วย	glûay
dadel (de)	อินทผลัม	in-thá-phâ-lam
citroen (de)	เลมอน	lay-mon
abrikoos (de)	แอปริคอท	ae-bprì-khôrt
perzik (de)	ลูกท้อ	lôok thór
kiwi (de)	กีวี	gee wee
grapefruit (de)	ส้มโอ	sôm oh
bes (de)	เบอรรี่	ber-rêe

bessen (mv.)	เบอร์รี่	ber-rêe
vossenbes (de)	คาวเบอร์รี่	khaao-ber-rêe
bosaardbei (de)	สตรอวเบอร์รี่ป่า	sá-dtrorw ber-rêe bpàa
blauwe bosbes (de)	บิลเบอร์รี่	bil-ber-rêe

145. Bloemen. Planten

bloem (de)	ดอกไม้	dòrk máai
boeket (het)	ช่อดอกไม้	chôr dòrk máai
roos (de)	ดอกกุหลาบ	dòrk gù làap
tulp (de)	ดอกทิวลิป	dòrk thiw-líp
anjer (de)	ดอกคาร์เนชั่น	dòrk khaa-nay-chân
gladiool (de)	ดอกแกลดิโอลัส	dòrk gaen-dì-oh-lát
korenbloem (de)	ดอกคอร์นฟลาวเวอร์	dòrk khon-flaao-wer
klokje (het)	ดอกระฆัง	dòrk rá-khang
paardenbloem (de)	ดอกแดนดิไลออน	dòrk daen-dì-lai-on
kamille (de)	ดอกคาโมมายล์	dòrk khaa-moh maai
aloë (de)	ว่านหางจระเข้	wâan-hăang-jor-rá-khây
cactus (de)	ตะบองเพชร	dtà-bong-phét
ficus (de)	ตนเลียบ	dtôn lîap
lelie (de)	ดอกลิลลี่	dòrk lí-lêe
geranium (de)	ดอกเจอราเนียม	dòrk jer-raa-niam
hyacint (de)	ดอกไฮอะซินท์	dòrk hai-a-sin
mimosa (de)	ดอกไมยราบ	dòrk mai râap
narcis (de)	ดอกนาร์ซิสซัส	dòrk naa-sít-sát
Oost-Indische kers (de)	ดอกแนสเตอร์ชัม	dòrk nâet-dtêr-cham
orchidee (de)	ดอกกล้วยไม้	dòrk glûay máai
pioenroos (de)	ดอกโบตั๋น	dòrk boh-dtăn
viooltje (het)	ดอกไวโอเล็ต	dòrk wai-oh-lét
driekleurig viooltje (het)	ดอกแพนซี่	dòrk phaen-see
vergeet-mij-nietje (het)	ดอกฟอร์เก็ตมีน็อต	dòrk for-gèt-mee-nót
madeliefje (het)	ดอกเดซี่	dòrk day see
papaver (de)	ดอกป๊อปปี้	dòrk bpóp-bpêe
hennep (de)	กัญชา	gan chaa
munt (de)	สะระแหน่	sà-rá-nàe
lelietje-van-dalen (het)	ดอกลิลลี่แห่งหุบเขา	dòrk lí-lá-lêe hàeng hùp khăo
sneeuwklokje (het)	ดอกหยาดหิมะ	dòrk yàat hì-má
brandnetel (de)	ตำแย	dtam-yae
veldzuring (de)	ซอร์เรล	sor-rayn
waterlelie (de)	บัว	bua
varen (de)	เฟิร์น	fern
korstmos (het)	ไลเคน	lai-khayn
oranjerie (de)	เรือนกระจก	reuan grà-jòk
gazon (het)	สนามหญ้า	sà-năam yâa

bloemperk (het)	สนามดอกไม้	sà-năam-dòrk-máai
plant (de)	พืช	phêut
gras (het)	หญ้า	yâa
grasspriet (de)	ใบหญ้า	bai yâa
blad (het)	ใบไม้	bai máai
bloemblad (het)	กลีบดอก	glèep dòrk
stengel (de)	ลำต้น	lam dtôn
knol (de)	หัวใต้ดิน	hŭa dtâi din
scheut (de)	ต้นอ่อน	dtôn òrn
doorn (de)	หนาม	năam
bloeien (ww)	บาน	baan
verwelken (ww)	เหี่ยว	hìeow
geur (de)	กลิ่น	glìn
snijden (bijv. bloemen ~)	ตัด	dtàt
plukken (bloemen ~)	เด็ด	dèt

146. Granen, graankorrels

graan (het)	เมล็ด	má-lét
graangewassen (mv.)	ธัญพืช	than-yá-phêut
aar (de)	รวงข้าว	ruang khâao
tarwe (de)	ข้าวสาลี	khâao săa-lee
rogge (de)	ข้าวไรย์	khâao rai
haver (de)	ข้าวโอ๊ต	khâao óht
gierst (de)	ข้าวฟ่าง	khâao fâang
gerst (de)	ข้าวบาร์เลย์	khâao baa-lây
maïs (de)	ข้าวโพด	khâao-phôht
rijst (de)	ข้าว	khâao
boekweit (de)	บัควีท	bàk-wêet
erwt (de)	ถั่วลันเตา	thùa-lan-dtao
nierboon (de)	ถั่วรูปไต	thùa rôop dtai
soja (de)	ถั่วเหลือง	thùa lĕuang
linze (de)	ถั่วเลนทิล	thùa layn thin
bonen (mv.)	ถั่ว	thùa

LANDEN. NATIONALITEITEN

147. West-Europa

Europa (het)	ยุโรป	yú-ròhp
Europese Unie (de)	สหภาพยุโรป	sà-hà phâap yú-rôhp
Oostenrijk (het)	ประเทศออสเตรีย	bprà-thâyt òt-dtria
Groot-Brittannië (het)	บริเตนใหญ่	brì-dtayn yài
Engeland (het)	ประเทศอังกฤษ	bprà-thâyt ang-grìt
België (het)	ประเทศเบลเยียม	bprà-thâyt bayn-yiam
Duitsland (het)	ประเทศเยอรมนี	bprà-thâyt yer-rá-ma-nee
Nederland (het)	ประเทศเนเธอร์แลนด์	bprà-thâyt nay-ther-laen
Holland (het)	ประเทศฮอลแลนด์	bprà-thâyt hon-laen
Griekenland (het)	ประเทศกรีซ	bprà-thâyt grèet
Denemarken (het)	ประเทศเดนมาร์ก	bprà-thâyt dayn-màak
Ierland (het)	ประเทศไอร์แลนด์	bprà-thâyt ai-laen
IJsland (het)	ประเทศไอซ์แลนด์	bprà-thâyt ai-laen
Spanje (het)	ประเทศสเปน	bprà-thâyt sà-bpayn
Italië (het)	ประเทศอิตาลี	bprà-thâyt i-dtaa-lee
Cyprus (het)	ประเทศไซปรัส	bprà-thâyt sai-bpràt
Malta (het)	ประเทศมอลตา	bprà-thâyt mon-dtaa
Noorwegen (het)	ประเทศนอร์เวย์	bprà-thâyt nor-way
Portugal (het)	ประเทศโปรตุเกส	bprà-thâyt bproh-dtù-gàyt
Finland (het)	ประเทศฟินแลนด์	bprà-thâyt fin-laen
Frankrijk (het)	ประเทศฝรั่งเศส	bprà-thâyt fà-ràng-sàyt
Zweden (het)	ประเทศสวีเดน	bprà-thâyt sà-wěe-dayn
Zwitserland (het)	ประเทศสวิตเซอร์แลนด์	bprà-thâyt sà-wìt-sêr-laen
Schotland (het)	ประเทศสก๊อตแลนด์	bprà-thâyt sà-gòt-laen
Vaticaanstad (de)	นครรัฐวาติกัน	ná-khon rát waa-dtì-gan
Liechtenstein (het)	ประเทศลิกเทนสไตน์	bprà-thâyt lík-tay-ná-sà-dtai
Luxemburg (het)	ประเทศลักเซมเบิร์ก	bprà-thâyt lák-saym-bèrk
Monaco (het)	ประเทศโมนาโก	bprà-thâyt moh-naa-goh

148. Centraal- en Oost-Europa

Albanië (het)	ประเทศแอลเบเนีย	bprà-thâyt aen-bay-nia
Bulgarije (het)	ประเทศบัลแกเรีย	bprà-thâyt ban-gae-ria
Hongarije (het)	ประเทศฮังการี	bprà-thâyt hang-gaa-ree
Letland (het)	ประเทศลัตเวีย	bprà-thâyt lát-wia
Litouwen (het)	ประเทศลิทัวเนีย	bprà-thâyt lí-thua-nia
Polen (het)	ประเทศโปแลนด์	bprà-thâyt bpoh-laen

Roemenië (het)	ประเทศโรมาเนีย	bprà-thâyt roh-maa-nia
Servië (het)	ประเทศเซอร์เบีย	bprà-thâyt sêr-bia
Slowakije (het)	ประเทศสโลวาเกีย	bprà-thâyt sà-loh-waa-gia
Kroatië (het)	ประเทศโครเอเชีย	bprà-thâyt khroh-ay-chia
Tsjechië (het)	ประเทศเช็กเกีย	bprà-thâyt chék-gia
Estland (het)	ประเทศเอสโตเนีย	bprà-thâyt àyt-dtoh-nia
Bosnië en Herzegovina (het)	ประเทศบอสเนีย และเฮอร์เซโกวีนา	bprà-thâyt bòt-nia láe her-say-goh-wí-naa
Macedonië (het)	ประเทศมาซิโดเนีย	bprà-thâyt maa-sí-doh-nia
Slovenië (het)	ประเทศสโลวีเนีย	bprà-thâyt sà-loh-wee-nia
Montenegro (het)	ประเทศ มอนเตเนโกร	bprà-thâyt mon-dtay-nay-groh

149. Voormalige USSR landen

Azerbeidzjan (het)	ประเทศอาเซอร์ไบจาน	bprà-thâyt aa-sêr-bai-jaan
Armenië (het)	ประเทศอาร์เมเนีย	bprà-thâyt aa-may-nia
Wit-Rusland (het)	ประเทศเบลารุส	bprà-thâyt blao-rút
Georgië (het)	ประเทศจอร์เจีย	bprà-thâyt jor-jia
Kazakstan (het)	ประเทศคาซัคสถาน	bprà-thâyt khaa-sák-sà-thăan
Kirgizië (het)	ประเทศ คีรกีซสถาน	bprà-thâyt khee-gèet-à-thăan
Moldavië (het)	ประเทศมอลโดวา	bprà-thâyt mon-doh-waa
Rusland (het)	ประเทศรัสเซีย	bprà-thâyt rát-sia
Oekraïne (het)	ประเทศยูเครน	bprà-thâyt yoo-khrayn
Tadzjikistan (het)	ประเทศทาจิกิสถาน	bprà-thâyt thaa-jì-gìt-thăan
Turkmenistan (het)	ประเทศ เติร์กเมนิสถาน	bprà-thâyt dtèrk-may-nít-thăan
Oezbekistan (het)	ประเทศอุซเบกิสถาน	bprà-thâyt ùt-bay-gìt-thăan

150. Azië

Azië (het)	เอเชีย	ay-chia
Vietnam (het)	ประเทศเวียดนาม	bprà-thâyt wîat-naam
India (het)	ประเทศอินเดีย	bprà-thâyt in-dia
Israël (het)	ประเทศอิสราเอล	bprà-thâyt ìt-sà-răa-ayn
China (het)	ประเทศจีน	bprà-thâyt jeen
Libanon (het)	ประเทศเลบานอน	bprà-thâyt lay-baa-non
Mongolië (het)	ประเทศมองโกเลีย	bprà-thâyt mong-goh-lia
Maleisië (het)	ประเทศมาเลเซีย	bprà-thâyt maa-lay-sia
Pakistan (het)	ประเทศปากีสถาน	bprà-thâyt bpaa-gèet-thăan
Saoedi-Arabië (het)	ประเทศ ซาอุดิอาระเบีย	bprà-thâyt saa-u-dì aa-ra-bia
Thailand (het)	ประเทศไทย	bprà-tâyt thai

Taiwan (het)	ไต้หวัน	dtâi-wăn
Turkije (het)	ประเทศตุรกี	bprà-thâyt dtù-rá-gee
Japan (het)	ประเทศญี่ปุ่น	bprà-thâyt yêe-bpùn

Afghanistan (het)	ประเทศอัฟกานิสถาน	bprà-thâyt àf-gaa-nít-thăan
Bangladesh (het)	ประเทศบังคลาเทศ	bprà-thâyt bang-khlaa-thâyt
Indonesië (het)	ประเทศอินโดนีเซีย	bprà-thâyt in-doh-nee-sia
Jordanië (het)	ประเทศจอรแดน	bprà-thâyt jor-daen

Irak (het)	ประเทศอิรัก	bprà-thâyt i-rák
Iran (het)	ประเทศอิหราน	bprà-thâyt i-ràan
Cambodja (het)	ประเทศกัมพูชา	bprà-thâyt gam-phoo-chaa
Koeweit (het)	ประเทศคูเวต	bprà-thâyt khoo-wâyt

Laos (het)	ประเทศลาว	bprà-thâyt laao
Myanmar (het)	ประเทศเมียนมาร์	bprà-thâyt mian-maa
Nepal (het)	ประเทศเนปาล	bprà-thâyt nay-bpaan
Verenigde Arabische Emiraten	สหรัฐอาหรับเอมิเรตส์	sà-hà-rát aa-ràp ay-mí-râyt

Syrië (het)	ประเทศซีเรีย	bprà-thâyt see-ria
Palestijnse autonomie (de)	ปาเลสไตน์	bpaa-lâyt-dtai
Zuid-Korea (het)	เกาหลีใต้	gao-lĕe dtâi
Noord-Korea (het)	เกาหลีเหนือ	gao-lĕe nĕua

151. Noord-Amerika

Verenigde Staten van Amerika	สหรัฐอเมริกา	sà-hà-rát a-may-rí-gaa
Canada (het)	ประเทศแคนาดา	bprà-thâyt khae-naa-daa
Mexico (het)	ประเทศเม็กซิโก	bprà-thâyt mék-sí-goh

152. Midden- en Zuid-Amerika

Argentinië (het)	ประเทศอาร์เจนตินา	bprà-thâyt aa-jayn-dtì-naa
Brazilië (het)	ประเทศบราซิล	bprà-thâyt braa-sin
Colombia (het)	ประเทศโคลัมเบีย	bprà-thâyt khoh-lam-bia
Cuba (het)	ประเทศคิวบา	bprà-thâyt khiw-baa
Chili (het)	ประเทศชิลี	bprà-thâyt chí-lee

Bolivia (het)	ประเทศโบลิเวีย	bprà-thâyt boh-lí-wia
Venezuela (het)	ประเทศเวเนซุเอลา	bprà-thâyt way-nay-sú-ay-laa
Paraguay (het)	ประเทศปารากวัย	bprà-thâyt bpaa-raa-gwai
Peru (het)	ประเทศเปรู	bprà-thâyt bpay-roo

Suriname (het)	ประเทศซูรินาม	bprà-thâyt soo-rí-naam
Uruguay (het)	ประเทศอุรุกวัย	bprà-thâyt u-rúk-wai
Ecuador (het)	ประเทศเอกวาดอร์	bprà-thâyt ay-gwaa-dor
Bahama's (mv.)	ประเทศบาฮามาส	bprà-thâyt baa-haa-mâat
Haïti (het)	ประเทศเฮติ	bprà-thâyt hay-dtì
Dominicaanse Republiek (de)	สาธารณรัฐโดมินิกัน	săa-thaa-rá-ná rát doh-mí-ní-gan

Panama (het)	ประเทศปานามา	bprà-thâyt bpaa-naa-maa
Jamaica (het)	ประเทศจาเมกา	bprà-thâyt jaa-may-gaa

153. Afrika

Egypte (het)	ประเทศอียิปต์	bprà-thâyt bprà-thâyt ee-yíp
Marokko (het)	ประเทศมอร็อคโค	bprà-thâyt mor-rók-khoh
Tunesië (het)	ประเทศตูนิเซีย	bprà-thâyt dtoo-ní-sia
Ghana (het)	ประเทศกานา	bprà-thâyt gaa-naa
Zanzibar (het)	ประเทศแซนซิบาร์	bprà-thâyt saen-sí-baa
Kenia (het)	ประเทศเคนยา	bprà-thâyt khayn-yâa
Libië (het)	ประเทศลิเบีย	bprà-thâyt lí-bia
Madagaskar (het)	ประเทศมาดากัสการ์	bprà-thâyt maa-daa-gàt-gaa
Namibië (het)	ประเทศนามิเบีย	bprà-thâyt naa-mí-bia
Senegal (het)	ประเทศเซเนกัล	bprà-thâyt say-nay-gan
Tanzania (het)	ประเทศแทนซาเนีย	bprà-thâyt thaen-saa-nia
Zuid-Afrika (het)	ประเทศแอฟริกาใต้	bprà-thâyt àef-rí-gaa dtâi

154. Australië. Oceanië

Australië (het)	ประเทศออสเตรเลีย	bprà-thâyt òt-dtray-lia
Nieuw-Zeeland (het)	ประเทศนิวซีแลนด์	bprà-thâyt niw-see-laen
Tasmanië (het)	ประเทศแทสเมเนีย	bprà-thâyt thâet-may-nia
Frans-Polynesië	เฟรนช์โปลินีเซีย	frayn-bpoh-lí-nee-sia

155. Steden

Amsterdam	อัมสเตอร์ดัม	am-sà-dtêr-dam
Ankara	อังคารา	ang-khaa-raa
Athene	เอเธนส์	ay-thayn
Bagdad	แบกแดด	bàek-dàet
Bangkok	กรุงเทพฯ	grung thâyp
Barcelona	บาร์เซโลนา	baa-say-loh-naa
Beiroet	เบรุต	bay-rút
Berlijn	เบอร์ลิน	ber-lin
Boedapest	บูดาเปส	boo-daa-bpàyt
Boekarest	บูคาเรสต์	boo-khaa-râyt
Bombay, Mumbai	มุมไบ	mum-bai
Bonn	บอนน์	bon
Bordeaux	บอร์โด	bor doh
Bratislava	บราติสลาวา	braa-dtìt-laa-waa
Brussel	บรัสเซล	bràt-sayn
Caïro	ไคโร	khai-roh
Calcutta	คัลคัตตา	khan-khát-dtaa

Chicago	ชิคาโก	chí-khaa-goh
Dar Es Salaam	ดาเรสซาลาม	daa àyt saa laam
Delhi	เดลี	day-lee
Den Haag	เดอะเฮก	dùh hêyk
Dubai	ดูไบ	doo-bai
Dublin	ดับลิน	dàp-lin
Düsseldorf	ดุสเซลดอร์ฟ	dùt-sayn-dòf
Florence	ฟลอเรนซ์	flor-rayn
Frankfort	แฟรงค์เฟิร์ท	fraeng-fêrt
Genève	เจนีวา	jay-nee-waa
Hamburg	แฮมเบิร์ก	haem-bèrk
Hanoi	ฮานอย	haa-noi
Havana	ฮาวานา	haa waa-naa
Helsinki	เฮลซิงกิ	hayn-sing-gì
Hiroshima	ฮิโรชิมา	hí-roh-chí-mâa
Hongkong	ฮ่องกง	hôrng-gong
Istanbul	อิสตันบูล	it-dtan-boon
Jeruzalem	เยรูซาเลม	yay-roo-saa-laym
Kiev	เคียฟ	khîaf
Kopenhagen	โคเปนเฮเกน	khoh-bpayn-hay-gayn
Kuala Lumpur	กัวลาลัมเปอร์	gua-laa lam-bper
Lissabon	ลิสบอน	lít-bon
Londen	ลอนดอน	lon-don
Los Angeles	ลอสแองเจลิส	lôt-aeng-jay-lít
Lyon	ลียง	lee-yong
Madrid	มาดริด	maa-drìt
Marseille	มาร์เซย	màak-soie
Mexico-Stad	เม็กซิโกซิตี้	mék-sí-goh sí-dtêe
Miami	ไมอามี่	mai-aa-mêe
Montreal	มอนทรีออล	mon-three-on
Moskou	มอสโกว	mor-sà-goh
München	มิวนิค	miw-ník
Nairobi	ไนโรบี	nai-roh-bee
Napels	เนเปิลส์	nay-bpern
New York	นิวยอร์ค	niw-yôk
Nice	นิซ	nít
Oslo	ออสโล	òrt-loh
Ottawa	อ็อตตาวา	òt-dtaa-waa
Parijs	ปารีส	bpaa-rêet
Peking	ปักกิ่ง	bpàk-gìng
Praag	ปราก	bpràak
Rio de Janeiro	ริโอเดจาเนโร	rí-oh-ay jaa-nay-roh
Rome	โรม	rohm
Seoel	โซล	sohn
Singapore	สิงคโปร์	sǐng-khá-bpoh
Sint-Petersburg	เซนต์ปีเตอร์สเบิร์ก	sayn bpì-dtèrt-bèrk
Sjanghai	เซี่ยงไฮ้	sîang-hái

Stockholm	สต็อกโฮล์ม	sà-dtòk-hohm
Sydney	ซิดนีย์	sít-nee
Taipei	ไทเป	thai-bpay
Tokio	โตเกียว	dtoh-gieow
Toronto	โตรอนโต	dtoh-ron-dtoh
Venetië	เวนิส	way-nít
Warschau	วอร์ซอว์	wor-sor
Washington	วอชิงตัน	wor ching dtan
Wenen	เวียนนา	wian-naa

www.ingramcontent.com/pod-product-compliance
Lightning Source LLC
Chambersburg PA
CBHW070553050426
42450CB00011B/2847